AF452628

PASTORALE

CHANTANTE ET RÉCITANTE,

OU

SOIRÉES INSTRUCTIVES ET RÉCRÉATIVES

POUR LES FAMILLES CHRÉTIENNES DU PEUPLE ;

PRÉCÉDÉE

D'un Avant-Propos et d'une Notice historique sur les circonstances les plus
notables de la naissance du Sauveur :

SUIVIE

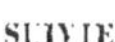

De quelques Noëls nouveaux, entr'autres de ceux imités de l'*Adeste fideles*,
du *Christe Redemptor* et du *Magnificat*.

Scio quia venit Messias.
Je sais que le Messie est venu.
(St. Jean. 4, 25).

Par GUYON, Prêtre,

Bachelier ès Lettres.

AIX,

IMPRIMERIE DE PARDIGON, RUE D'ITALIE, 9.

1855.

DÉDIÉ

A LA SAINTE FAMILLE.

Jésus, Marie, Joseph,

Daignez permettre que je vous fasse ici hommage de cet opuscule, conçu, élaboré pendant mes rares et solitaires loisirs.

L'attraction des cœurs à Dieu, leur amour pour lui, en reconnaissance du grand bienfait de la rédemption, voilà l'unique but pour lequel ma plume s'est essayée à la langue du poète français, comme à celle du troubadour. — Heureux et trop heureux, si j'ai réussi à faire comprendre et atteindre ce but pour mes pieux et bénévoles lecteurs, et surtout si j'ai pu mériter un seul de vos regards bienveillants.

Quoiqu'il en puisse être de ces vœux hardis, et néanmoins formés pour votre plus grande gloire, je suis et je serai à jamais,

Votre très-respectueux fils,
comme votre très-humble et très-obéissant serviteur,

GUYON, Prêtre.

AVANT-PROPOS.

L'homme se sent, par sa nature, plus d'attrait à se répandre au dehors qu'à se concentrer en lui-même, ou, si l'on veut mieux, l'homme est ainsi organisé que ses sens extérieurs sont plus entraînés à se repaître de jeux, de spectacles, qu'enclins à se captiver à un travail quelconque, encore moins, aux labeurs sérieux du corps et de l'esprit. L'expérience nous en fournit plus d'une preuve sans réplique, et quant à l'homme considéré à part, et quant à l'homme pris collectivement, c'est-à-dire considéré sous le rapport d'agglomération d'individus qu'on nomme peuple.

Ainsi, par suite de cette propension naturelle dans les hommes, le peuple juif, dit l'Écriture, s'assit pour manger et pour boire, et puis, il se releva pour s'abandonner à toute sorte de jeux et de folies autour du veau d'or [1]. Le peuple romain, à son tour, montra

[1] Sedit populus manducare et bibere.... Et surrexerunt ludere. *Exod.* 32, 6.

2.

le même goût désordonné des sens: il oublia, à une époque, son instinct belliqueux, son ardeur pour la gloire des armes, et ne désira plus autre chose que du pain et les jeux du cirque. *Panem* et *circenses.*

Mais ce que nous venons de dire des deux peuples les plus célèbres de l'antiquité, n'est-ce pas le propre des peuples contemporains? Quels sont les jeux publics dont ils ne soient pas, la plupart du temps, avides et engoués? Où s'installe-t-il un histrion, un vendeur d'orviétan qui ne soit, de suite, entouré d'une foule compacte de spectateurs, de curieux de tout âge, de tout sexe, claquant des mains, pouffant d'un rire inextinguible, à chacune de ses farces, de ses hâbleries, entrelardées de mots piquants et bouffons? Fort heureusement pour la morale et la religion, ces amuseurs ambulants du peuple se trouvent, généralement parlant, sous l'œil vigilant et le contrôle de la police locale, bien qu'on en voie parfois qui offrent des garanties d'une assez bonne moralité.

Nonobstant cela, il n'en est pas moins vrai que le peuple trouve fort peu d'élément de progrès et de moralisation à assister à ces comédies de carrefour, à ces représentations à la *Belle Étoile,* où l'acteur dirigeant finit toujours par se métamorphoser en pharmacopole, aux fins d'échanger en pièces de monnaie ses spécifiques de tout genre, et piper ainsi ses benêts auditeurs.

Les représentations, par contre, qui peuvent tourner quelque peu à profit au peuple, sous le point de vue moral et religieux, ce sont celles où l'héroïsme et le triomphe de la vertu sont mis en scène, comme dans celles de *Sainte Geneviève de Brabant*, du *Chaste Joseph*, de *l'Enfant Prodigue*, et surtout dans celles qui se rattachent à quelque mystère de notre Sainte Religion, telles que les *Pastorales* et les *Rois Mages*. Oui, les *Pastorales*, propagées sous le patronage du clergé, avec un certain appareil de scène, ne pourraient qu'édifier et influer puissamment sur le retour à la bonne harmonie des cœurs, comme à la fusion des divers partis populaires, tout en leur montrant, dans la personne d'un Dieu fait homme, le sauveur du genre humain, le père commun de tous. C'est dans ce but exclusivement philantropique et chrétien que nous offrons au public, encore mémoratif des traditions paternelles sur la crèche de Bethléem, une nouvelle Pastorale avec le titre de *Pastorale chantante et récitante*, divisée en VI actes ou tableaux.

A la tête de chaque acte il est dit sommairement quel est le sujet et quels sont les personnages appelés à figurer sur la scène.

Les personnages ou acteurs de la *Pastorale* ne peuvent être en nombre moindre de 15, d'où l'on conçoit que le théâtre doit avoir un pourtour assez spacieux, pour qu'ils y soient à l'aise, et laissent toujours à découvert la crèche pratiquée tout à fait au fond.

Le costume des personnages doit être, autant que possible, approprié au caractère natif de chacun d'eux. Et, attendu qu'il n'y a pas de localité, si exiguë qu'elle soit, où il ne se rencontre plus d'un artiste de bon goût, nous nous abstiendrons de décrire ici les costumes comme tout ce qui en fait l'accessoire: nous allons néanmoins tracer quelques observations qui ne seront pas hors de propos, concernant les personnages.

En premier lieu, il incombe aux figurants, pour être approuvés, de se rapprocher le plus possible du naturel en ce qui touche à l'attitude, aux gestes et à l'accent des personnages, d'où il est évident que les rôles en français doivent être remplis par ceux qui ont le plus d'usage de cette langue, quoique les vers à chanter ou à déclamer, étant d'un style simple et populaire, ainsi que le titre lui-même de la pièce en fait une loi sévère, ne comportent pas un débit guindé et théâtral.

En second lieu, nous avons cru, pour bonnes raisons, faire parler aux bergers la langue provençale du jour, en évitant avec soin toute élocution frisant le gallicisme. C'est surtout le provençal usité à Aix et dans ses environs que nous avons mis dans la bouche des bergers.

En troisième lieu, si l'on veut atteindre le but religieux que nous nous sommes uniquement proposé dans notre œuvre de versification mixte, qui, certes, est loin de porter le cachet de l'art poétique, l'on devra faire au moins deux représentations distinctes, l'une pour les hommes et l'autre pour les femmes. C'est là un sûr moyen d'éviter toute cohue, comme toute rencontre fortuite ou convenue des jeunes personnes de l'un et de l'autre sexe. Sur le bon résultat de cette mesure de prudence, *experto crede Roberto.*

En quatrième lieu, là où l'on pourrait avoir un piano, ou autres instruments d'une douce harmonie, ce serait un intermède très-distrayant que d'en jouer pendant que, la toile étant baissée, les acteurs sont à changer de position respective sur la scène.

En somme, notre *Pastorale* que nous osons dédier à la Sainte Famille, n'est techniquement parlant, qu'un tableau naïf et raisonné du grand événement dont l'étable de Bethléem fut le théâtre, il y a 18 siècles et demi. Si les amateurs de la belle poésie cherchaient nos pas sur le chemin du Parnasse, qu'ils se tiennent pour dûment avertis qu'il ne nous vint jamais la pensée d'y monter. La seule prétention que nous ayons pu avoir, se traduit en cette phrase finale : « Remémorer dans l'esprit du peuple des circonstances, très-propres à raviver sa foi, à exciter sa gratitude envers Dieu ; tout comme lui créer un passe-temps de nature à alléger, pour les uns, le poids assommant des soirées d'hiver, et à faire diversion, pour les autres, aux amusements qui, sans être immoraux, nuisent souvent à leur santé et les portent à vider petit à petit leur escarcelle. »

NOTICE HISTORIQUE

LES CIRCONSTANCES LES PLUS NOTABLES

DE LA NAISSANCE DU SAUVEUR.

Lorsque le monde fut arrivé à l'âge, marqué dans les décrets divins pour sa rédemption, alors parut le Messie, le Sauveur promis à Adam, pour réparer sa faute et réhabiliter sa race dans la dignité dont elle était déchue avec lui. Alors se vérifia cet oracle comminatoire du Créateur contre le serpent qui avait séduit et fait prévariquer nos premiers parents. *Une femme écrasera ta tête. Ipsa conteret caput tuum.* Gen. c. iii, v. 15.

Mais, si sur ce simple énoncé du plus heureux événement qui ait jamais été noté dans les tables chronologiques de l'histoire, l'un d'entre les juifs qui sont encore à attendre le Messie, nous demandait de bonne foi, à quelle époque nous fixons sa venue, nous lui répondrions, la chronologie en main et sur des documents

historiques les plus avérés, que le Messie est venu sous
le règne d'Auguste, 2,500 ans après le déluge et 4,000
ans depuis la création du monde. De plus, et pour tirer,
si faire se pouvait, notre interlocuteur supposé du
dédale fatal où le scepticisme de ses rabbins pourrait
l'avoir entraîné, nous lui montrerions, entr'autres
prophéties, celles de Jacob, de Daniel, d'Aggée et de
Malachie. Ouvrez, lui dirions-nous, ouvrez la Génèse et
vous lirez, au *chapitre* XLIX, *verset* 8 et les suivants,
que Jacob, sur la certitude que Dieu lui en avait donnée,
prédit que le Messie naîtrait dans la tribu de Juda,
lorsque le sceptre en serait sorti, c'est-à-dire lorsque
cette tribu ne se gouvernerait plus elle-même, mais
qu'elle vivrait sous la domination étrangère. Nous co-
pions ci-après textuellement cette prophétie.

« Juda, vos frères vous loueront, votre main réduira
« vos ennemis sous le joug, les enfants de votre frère
« vous adoreront en la personne du Messie qui naîtra
« de vous.

« Le sceptre ne sera point ôté de Juda, ni le prince
« de sa postérité, jusqu'à ce que celui qui doit être
« envoyé soit venu, et c'est lui qui sera l'attente des
« nations. »

Si nous passons de cette prophétie à celle de Daniel,
le jour de la vérité ne grandirait-il pas à ses yeux, en
lisant dans le livre de ce prophète, *chap.* IX, *verset* 25,
que le Messie viendrait après 72 semaines d'années, ou
490 ans après que la ville de Jérusalem aurait été re-
bâtie ; car, si cette prophétie s'est vérifiée à la lettre
touchant la reconstruction de la ville de Jérusalem,

pourquoi douterait-on de sa véracité dans sa partie relative à la venue du Messie ? Enfin, notre interlocuteur ne partagerait-il pas notre créance, s'il voulait bien lire avec nous la prophétie d'Aggée, *chap.* viii, *verset* 7, et celle de Malachie, *chap.* iii, *verset* 1 ? Leur conséquence, sauf la variante du texte, est identiquement la même que celle de la prophétie de Daniel.

La foi, en toutes ces prophéties, était si vivace, si généralement accréditée en Judée, comme en Orient, qu'on vit surgir, avant et après la prédication de Jésus-Christ, une multitude d'imposteurs se prétendant le Messie. Tels furent les deux faux messies du nom de Théudas, lesquels, au rapport de Gamaliel (*actes des apôtres*, v. 36) et de l'historien Josèphe (*ant.*, liv. xx, *ch.* ii), avaient à peine levé l'étendard de l'imposture, qu'ils furent traqués et mis à mort. Tel fut encore, sans parler de tant d'autres, Simon le magicien dont la secte n'a eu que trop de durée pour la désolation de l'Église. Il osa, cet exécrable suppôt de l'Enfer, se dire le *verbe de Dieu*, le *Paraclet*, le *Tout-puissant*, etc. Il essaya même un jour, pour mieux faire accroire à tous ses blasphèmes, de s'élever dans les airs, à l'aide de son art magique, mais bien malencontreux et bien fatal pour lui, puisqu'aux prières de St. Pierre qui se trouvait là présent, il fut précipité du haut des airs, et eut ses jambes cassées [1].

Mais, brisons-en là avec les entêtés enfants de la synagogue. Arrivons sans plus de préambule à l'époque

---

[1] Voir St. Jérôme, sur le chap. xxi de St. Mathieu.

fortunée où commença la grande œuvre de notre rédemption, c'est-à-dire à la naissance du Sauveur que
tous les chronologistes sont unanimes à placer à la 40me
année du règne d'Auguste, dans le temps où Cyrinus
était gouverneur de la Syrie. Le récit qu'en fait l'évangéliste St. Luc, et dont l'authenticité ne fut jamais
révoquée en doute, va nous servir de base dans la simple
et succincte narration que nous allons entreprendre ,
autant pour instruire que pour édifier les gens du peuple,
ces chrétiens qui s'honorent encore de tenir aux princi-
pes de la foi catholique. Voici donc ce que nous lisons
au chapitre ii de l'Évangile de St. Luc :

« On publia dans ce temps-là un édit de César-Auguste
« pour faire le dénombrement de tout l'univers; le pre-
« mier dénombrement fut fait par Cyrinus, gouverneur
« de la Syrie ; et tous allaient se faire enregistrer dans la
« ville d'où chacun était. Et parce que Joseph était de la
« maison et de la famille de David, il partit aussi de Na-
« zareth, ville de David, appelée Bethléem, pour se faire
« inscrire avec Marie, son épouse, qui était enceinte. »

Or, cet édit d'Auguste, en ordonnant le dénombrement
de tous les sujets de l'empire romain, et portant que
chacun allât se faire enregistrer dans la ville dont il
était originaire, avait-il pour but de faire connaître les
forces numériques de l'empire, ou était-il dicté par un
motif de vanité et de pure ostentation? Quoique l'une
et l'autre hypothèse ne soient pas sans quelque vraisem-
blance, toujours est-il qu'en rendant cet édit, l'empereur
Auguste n'est que l'instrument passif du Maître qu'il
a dans le ciel; il imagine ne compter que des sujets

dans ce dénombrement, et son Dieu y sera compris. L'on va s'en convaincre par ce qui suit.

A peine l'édit impérial est-il promulgué que Marie et Joseph se font un devoir d'y obtempérer sans retard; ils partent de Nazareth, lieu de leur résidence actuelle, pour se rendre à Bethléem et y donner leurs noms à l'officier civil, à ce préposé. Ici, quoique l'historien sacré se taise absolument sur les difficultés du chemin, comme sur les rigueurs de la saison qu'ils durent éprouver durant tout ce voyage, il est hors de doute que ces deux bienheureux époux eurent à souffrir de beaucoup d'épreuves, notamment de celle qui les attend à Bethléem. Arrivés là, que deviennent-ils? Après avoir vainement sollicité l'hospitalité des habitants de cette petite ville et surtout dans les auberges, c'est à la fin pour eux une bonne fortune que de rencontrer une étable, entr'ouverte de tout côté, et de pouvoir s'en faire un abri contre les injures de l'air.

Ainsi, tandis que par un contraste bien humiliant pour l'humanité, la moindre femme du peuple, se trouvant dans le même état que Marie, n'excite partout qu'intérêt et la plus sympathique sensibilité, celle-ci, malgré qu'elle porte dans son sein les destinées du genre humain, est réduite à faire ses couches au fond d'une vile étable. « Car, pendant qu'ils y étaient, ajoute l'historien « sacré, le temps de son accouchement arriva, et elle « (Marie) mit au monde son premier-né, l'enveloppa « de langes et le coucha dans une crêche, parce qu'il « n'y avait pas de place dans l'hôtellerie. » *Quia non erat eis locus in diversorio.*

Ainsi encore, tandis que les princes sont à peine nés, qu'on voit se presser autour d'eux la foule des courtisans, de ces hommes à dévoûment factice, à opinion versatile et dont l'espoir ou la crainte fait autant d'esclaves du pouvoir, celui de qui relève toute puissance ici-bas, celui que le prophète Isaïe a nommé le *Prince de la paix*, n'a d'autre cour, n'a d'autre entourage en naissant qu'un simple artisan et une femme, tout occupée à le couvrir de pauvres langes. Oui, Joseph et Marie, voilà les seuls courtisans du Roi du Ciel, nouvellement né ; disons mieux, voilà les prémices des chrétiens, des humbles adorateurs que Dieu va appeler aux pieds de son fils, fait enfant, par l'un de ses anges.

Ici, à combien de conjectures diverses ne manqueraient pas de se livrer mentalement ceux de nos lecteurs qui n'auraient que des notions vagues sur cette grande péripétie ; les uns pourraient s'imaginer que c'est aux grands du siècle, aux israélites issus, comme Jésus, du sang royal de David, que Dieu va tout d'abord révéler la naissance de son fils ; d'autres pourraient croire que cette importante nouvelle va être annoncée de préférence à ceux qui, étant assis sur la chaire de Moïse, sont spécialement chargés d'interpréter la loi et les prophètes. Et bien ! ce n'est ni à ceux-ci, ni à ceux-là, que l'ange s'adresse ; c'est aux bergers des environs, à des hommes simples et candides, gagnant misérablement leur vie à la garde des troupeaux, qu'est porté ce divin message, comme on le voit par la suite du récit évangélique.

« Or, il y avait dans cette contrée des pasteurs « (bergers) qui veillaient, faisant pendant la nuit la

« garde de leurs troupeaux , et voilà qu'un ange du
« Seigneur s'arrêta auprès d'eux, une clarté divine les
« environna, et ils furent saisis d'une extrême frayeur.
« Ne craignez point, leur dit l'ange, je vous apporte une
« nouvelle qui sera pour tout le peuple le sujet d'une
« grande joie. C'est qu'aujourd'hui il vous est né un
« Sauveur qui est le Christ, le Seigneur, et voici à quel
« signe vous le reconnaîtrez : vous trouverez un enfant
« enveloppé de langes et posé dans une crèche. »

Maintenant, à qui serait désireux de savoir quel est
le titre qui vaut aux bergers de Bethléem une aussi
glorieuse distinction, nous répondrions , pour aller au
devant même de toute pensée oiseuse, sur le mystère
impénétrable de la prédestination, que ce titre leur vient
uniquement de leur simplicité, comme de leur pauvreté
d'esprit, en tant que vertus caractéristiques de l'inno-
cence. Non, qu'on n'attribue point à d'autre mérite
personnel ce privilége des bergers, d'autant plus que,
selon l'écriture, Dieu aime à s'entretenir avec les hommes simples, bien que le monde en fasse l'objet de son
dédain et de ses risées [1].

Que conclure de là, ô bergers, sinon que votre bonheur est grand et votre sort digne d'envie ? L'effroi
s'empare de vous, à la vérité, au moment, où vous vous
voyez investis d'une lumière plus brillante que le soleil.
Mais, vous vous laissez bientôt rassurer par un ange sur
ce phénomène saisissant et jusqu'alors inouï. Cet ange

[1] Cum simplicibus sermocinatio ejus. *Prov.* iii, 30.
Deridetur enim justi simplicitas. *Job.* iii. 32.

vous annonce, comme une nouvelle qui doit être pour
tout le peuple le sujet d'une grande joie, *qu'il vous est
né un Sauveur*, et cette nouvelle du messager céleste met
le comble à votre bonheur. Heureux aussi, comme vous,
les hommes à quel pays, à quel siècle qu'ils appartiennent,
qui, venant à être éclairés, effrayés, non des mêmes
clartés que vous, mais des rayons miséricordieux de la
grâce, se laisseront rassurer par les anges du Seigneur,
c'est-à-dire par ses ministres! — Pourquoi? pour le
motif qu'ils auront part à la joie universelle, quels qu'ils
soient, justes, ou pécheurs ; étant justes, pour toucher
à la palme, et pécheurs, pour être invités au pardon, a
dit St. Léon, pape [1]. De plus, ils jouiront de la paix
promise aux hommes de bonne volonté, à savoir, de
cette paix qui consiste à divorcer avec le monde, à
rompre avec ses plaisirs trompeurs, éphémères, et à
faire de persévérants efforts pour plaire à Dieu et s'ac-
quitter en tout envers sa conscience. C'est là du moins
de cette paix, source du vrai bonheur, à laquelle il est
fait allusion, sans doute, dans les paroles suivantes du
même évangéliste ; « et aussitôt, il se joignit à l'ange
« une nombreuse troupe de l'armée céleste, louant Dieu
« et disant: Gloire à Dieu au plus haut des cieux et
« paix sur la terre aux hommes de bonne volonté. »

Ce concert angélique, cet hymne de louanges dont les
airs retentissent au loin, ne peuvent que ravir les bergers
et les animer des plus joyeux transports. « Car, dès que

---

[1] Exultet sanctus, quia propinquat ad palmam ; gaudeat peccator, quia
invitatur ad veniam. *Serm.* 1. de *nativ. Dom.*

« les anges se furent retirés dans le ciel, les pasteurs
« se dirent les uns aux autres: Passons jusqu'à Beth-
« léem ; voyons ce qui est arrivé et ce que le Seigneur
« nous a fait connaître. Ils y allèrent en hâte, et trou-
« vèrent Marie , Joseph et l'enfant posé dans la crèche.
« Et en le voyant, ils reconnurent ce qui leur avait été
« dit touchant cet enfant. »

La foi des bergers , à l'aspect dégoûtant de la crèche
où le fils de Marie repose sur quelques brins de paille,
où ses membres seraient tout transis de froid sans le
souffle de deux animaux domestiques que St. Jérôme a
cru, sur la tradition, être un bœuf et un âne; la foi des
bergers, disons-nous, loin d'être ébranlée, n'en devient
que plus ferme et plus vive ; elle leur montre, sous la
forme d'un enfant faible et souffreteux, le fils du Tout-
puissant, le Messie ou Sauveur promis à la terre. Et
cela leur suffit pour se jeter tous à ses pieds, l'adorer et
s'épancher en des sentiments de la plus ardente charité.

Marie, n'en doutons pas, doit alors éprouver de bien
douces émotions, soit en voyant ces bergers en adoration
aux pieds de la crèche, soit en apprenant d'eux les dif-
férents prodiges par lesquels Dieu venait de leur révéler
la naissance de son fils, elle est attentive à toutes leurs
paroles, les gravant et les méditant dans son cœur. L'apparition des anges, dont il lui est parlé, lui rappelle les
merveilles de sa conception, les oracles d'Élizabeth, la
vision miraculeuse qui avait dissipé les soupçons de
Joseph, enfin, tous les événements providentiels qui ont
concouru à son divin enfantement. Et ces souvenirs font,
sans contredit, tressaillir son âme de joie et battre son

cœur de la plus vive reconnaissance envers le Seigneur. Ce n'est pas tout: elle doit, d'un côté, féliciter les bergers du zèle empressé qu'ils ont mis à apporter aux pieds de son fils le tribut de leurs hommages, et de l'autre, les exhorter à ne jamais perdre de mémoire le privilège glorieux d'avoir été appelés les premiers à connaître le Rédempteur du monde.

Les bergers, à leur tour, écoutent avec la plus religieuse attention les paroles que daigne leur adresser Marie. Et après l'avoir prise à témoin de leur consécration irrévocable au service de son divin fils, ils *s'en retournent glorifiant et louant Dieu de tout ce qu'ils avaient vu et entendu*, brûlant surtout d'un désir incandescent de l'apprendre à leurs familles.

En effet, les bergers sont à peine de retour, au sein de leurs familles, que leur cœur se déborde de joie, et leur bouche ne peut tarir en expressions de bonheur. Selon eux, le monde entier serait incapable d'offrir rien d'aussi grand, rien de plus ravissant que le spectacle qui vient de se dérouler à leurs yeux. C'est un échantillon, c'est l'avant-goût des délices célestes dont ils viennent de jouir en cette nuit. C'est le Paradis qu'ils ont entrevu de dessus la terre. C'est, en un mot, en toute vérité, la Majesté adorable des cieux qu'il leur a été permis de contempler, trônant sur une mangeoire d'animaux, autrement dite crèche. Récit plein d'enthousiasme que l'historien sacré ne fait que sous-entendre, en disant: *Que tous ceux qui entendirent les choses racontées par les pasteurs étaient dans l'admiration.*

Or, cette admiration qu'il faut traduire ici par une

surprise mêlée de foi et de respect pour les œuvres admirables du Seigneur, se rencontre-t-elle souvent parmi les hommes? les mêmes choses, c'est-à-dire les mêmes merveilles dont les bergers furent les témoins dans la nuit où naquit le Messie, font partie de l'enseignement sacré de l'Église. Ce sont autant de vérités fondamentales de notre foi. Pourquoi donc y croit-on si faiblement? Pourquoi leur récit fait-il aussi peu d'impression sur les masses du peuple chrétien, que si ce n'était là que des faits apocryphes, des épisodes intercalés à plaisir dans un mélodrame de pure imagination? Pourtant, qui niera que l'Évangile où ces prodiges sont relatés, ne soit le plus sûr garant de la certitude morale, et ne souffre, par conséquent, le moindre doute sur leur réalité? Qui connaît l'histoire du Pyrrhonisme, et ne l'a pas toujours vu réfuté, confondu, quelle armure et quelle forme qu'il ait revêtues pour combattre la foi orthodoxe ? Oh ! que le prophète a eu raison de dire : *Que la miséricorde du Seigneur a été confirmée sur nous et que sa vérité demeure éternellement !*

Dès lors, au lieu de douter, d'être indifférent sur les faits merveilleux qui se rattachent au berceau du christianisme, aimons, au contraire, à nous les rappeler avec une pieuse admiration. Considérons d'abord cette soudaine lumière qui resplendit sur la tête des bergers au milieu de l'obscurité de la nuit, soit comme une faible image des splendeurs divines dont il nous est destiné la jouissance sans fin après cette vie, soit comme l'emblème des purs rayons de la grâce dont Dieu illumine souvent notre âme et dont nous devons craindre d'abuser. —

Puis, dans la voix de l'ange qui convie les bergers à se porter, en toute hâte, à la crêche de Bethléem , pour y reconnaître le Sauveur du monde sous les dehors mystérieux d'un enfant, figurons-nous la voix des ministres sacrés de l'Église, quand ils nous expliquent les oracles du Seigneur , et surtout, lorsqu'ils nous exhortent à lui rendre , en temps et lieu, le culte de latrie qu'il s'est réservé. Enfin, efforçons-nous de modeler notre conduite sur celle de ces hommes des champs. Les troupeaux étant peut-être leur unique bien , font aussi l'objet de toute leur sollicitude. Malgré cela, ils en suspendent la garde, ils les perdent entièrement de vue sur l'ordre céleste qui leur est intimé d'aller à Dieu ; de même sachons, quand le précepte divin urge , faire trève avec nos soucis et sollicitudes pour cette vie. En d'autres termes, les affaires du temps se trouvent-elles en concurrence avec celles de l'éternité? C'est à celles-ci qu'il nous faut résolument sacrifier celles-là ; ainsi, pour particulariser le principe théologique dont la lettre morte serait notre condamnation, lorsque la cupidité, la soif démesurée des biens de ce monde et plus souvent encore le prétexte illusoire de la misère, sont là pour nous conseiller de passer outre sur la loi du repos dominical, sur le précepte ecclésiastique , relatif à la sanctification des dimanches et fêtes d'obligation, suivons là-dessus le conseil intime de notre conscience; elle nous dit , à ne pas nous y méprendre, que Dieu nous appelle ce jour-là à ses pieds, non plus comme autrefois les bergers dans l'étable de Bethléem , mais dans ses temples, sis au milieu de nous, où il veut recevoir l'hommage de nos cœurs et nous distribuer, en retour, tous ses biens, tous les trésors de son amour et surtout la grâce déterminante de notre sanctification, laquelle est sa volonté, dit St. Paul. *Hæc est voluntas Dei, sanctificatio vestra.* St. Paul 1, *Thess.* 4, 3.

PASTORALE

CHANTANTE ET RÉCITANTE

EN VI ACTES OU TABLEAUX.

ACTE PREMIER.

Le Père Éternel, — La Vierge Marie, — L'archange Gabriel.

SOMMAIRE. Après une ouverture d'une harmonie religieuse, exécutée sur le piano ou sur d'autres instruments, le Père Éternel annonce, par un récitatif, que ses desseins miséricordieux sur les hommes sont sur le point de s'accomplir. Il charge l'archange Gabriel d'aller apprendre à Marie, fille de Joachim et d'Anne, qu'elle doit être la mère du Sauveur du monde sans la moindre atteinte pour sa virginité. — L'archange Gabriel s'incline aux ordres souverains du Père Éternel et se rend avec promptitude à Nazareth au moment où la Vierge Marie est à prier dans son oratoire. Il se présente à elle inopinément ; il la salue avec la modestie des anges et engage avec elle le dialogue ci-après, calqué littéralement sur l'épître et l'évangile du jour de l'Annonciation.

Nota I. — Marie qui est à genoux sur un prie-Dieu, disposé à gauche et tout près des coulisses, se dresse avec un air de surprise et se tourne vers l'ange Gabriel, lorsque celui-ci, s'avançant du côté opposé, n'est plus qu'à deux pas environ de distance d'elle.

Nota II. — Le dialogue entre l'archange Gabriel et Marie étant fini, l'on baisse la toile et, tout de suite, les bergers et les petits anges, sortant des coulisses, se disposent de manière à pouvoir chanter en trio ou en duo le cantique : *Venez divin Messie*, etc.

LE PÈRE ÉTERNEL.

Air, (*comme il est noté à part*).

De ma promesse solennelle
Le terme est enfin arrivé.
L'homme à ma loi jadis rebelle
De l'anathème est relevé.
Sion, au bras de ma puissance
Tu vas devoir ta délivrance,
Et tes enfants, libres des fers,
Vont triompher par la naissance
Du Rédempteur de l'univers.
Ombres, disparaissez : cédez, types, symboles.
A la réalité. Puis, selon mes paroles,
Nües, faites pleuvoir le Juste désiré ;
Terre, faites germer le Sauveur adoré.
A la Vierge Marie,
D'aucun péché flétrie,
Au nom de l'Éternel,
Archange Gabriel,
Portez ce grand message
Qu'on dira d'âge en âge.
Dites-lui : Le Seigneur, de toute éternité,
De son fils vous destine à la maternité.
Par vous du noir serpent il veut briser la tête,
Et du Ciel aux humains préparer la conquête.
Quant à l'intégrité de son vœu virginal,
Rien n'y dérogera par un don sans égal.

Dialogue entre Gabriel et Marie.

GABRIEL.

Je vous salue et viens vous annoncer, Marie,
Que vous êtes de Dieu, si tendrement chérie,

Que de sa grâce il a tant rempli votre cœur,
Qu'on peut dire qu'en vous réside le Seigneur.
De votre amour pour lui les séraphiques flammes
Vous ont fait discerner d'entre toutes les femmes,
Pour écraser la tête au serpent infernal
Dont le mensonge fut aux humains si fatal.

MARIE.

Votre présence, ici, de quel nom qu'on vous nomme,
Me jette dans le trouble, ô bon et beau jeune homme.
Pendant mes oraisons jamais aucun mortel
Ne m'a vue à genoux aux pieds de mon autel.

GABRIEL.

Cessez de vous troubler, Marie, à mon langage.
Voici quel est l'objet de mon divin message :
Le Seigneur veut par vous accomplir son dessein,
C'est-à-dire par vous, sauver le genre humain.
Dès lors vous deviendrez une vierge féconde ;
Vous donnerez le jour au Rédempteur du monde.
Et ce fils qui vous doit mériter tant d'honneur
Sera nommé Jésus, qui veut dire Sauveur.
Étant déjà le fils du Très-Haut par essence
Il doit participer aux droits de sa puissance.
Le sceptre de David, le trône d'Israël,
Tel sera de ce fils l'apanage éternel.

MARIE.

La volonté de Dieu j'adore et je révère :
Mais, comment espérer que je puisse être mère ?
Comment concilier cette maternité
Avec mon vœu juré pour la virginité ?

Aux filles de Juda loin de porter envie
Je leur laisse l'espoir d'enfanter le Messie.
A cette gloire, non, je ne veux aspirer,
Si du lys virginal il faut me déparer.

GABRIEL.

Fille de Joachim et de la pieuse Anne,
Croyez à Gabriel, à moi, de Dieu l'organe.
Ce que je vous annonce en tout s'accomplira,
Et pourtant votre lys jamais ne flétrira.
En vous le Saint-Esprit, opérant ce miracle,
D'Isaïe on verra s'effectuer l'oracle;
La vertu du Très-Haut, par son ombre agissant,
Vous fera concevoir le fils du Tout-Puissant.

MARIE.

Puisqu'ainsi Dieu le veut, rien autre je désire.
Ce n'est que pour l'aimer que je vis, je respire.
Sa servante je suis et veux l'être toujours,
Ah! qu'il me soit donc fait selon votre discours.

CANTIQUE.

Air, (*comme il est noté à la suite des récitatifs*).

Venez, divin Messie,
Mettre fin à tous nos malheurs;
Venez, source de vie,
Soyez touché de tant de pleurs.
Ah! descendez, hâtez vos pas;

Sauvez les hommes du trépas ;
Secourez-nous, ne tardez pas.

CHOEUR.

Venez, divin Messie,
Des cieux, ah ! descendez.
Venez, source de vie,
Venez, venez, venez.
Venez, divin Messie,
Nous soupirons à vos genoux :
Venez, source de vie,
Du ciel désarmer le courroux.
Ah ! descendez, ô Dieu d'amour,
Pour nous ramener tous un jour
Dans votre bienheureuse cour.
     CHOEUR. Venez, etc.

Descendez sur la terre,
Sauveur promis à nos aïeux.
Ah ! voyez quelle guerre
Satan nous livre en ces bas lieux.
Prenez pitié de vos enfants,
Et rendez-nous tous triomphants ;
Nous vous bénirons par nos chants.
     CHOEUR. Venez, etc.

Tenez votre promesse,
O Dieu bon, juste et tout-puissant.
Pour gage de tendresse,
Envoyez ce divin enfant
Qui doit guérir nos maux divers,
Briser du genre humain les fers ;
Et régner sur tout l'univers.
     CHOEUR. Venez, etc.

ACTE DEUXIÈME.

Marie et Joseph.

SOMMAIRE. Le Seigneur se rend propice aux vœux des hommes. Marie et Joseph, son époux, sont forcés de se rendre à Bethléem pour obtempérer à l'édit de l'empereur César-Auguste, portant : que chacun de ses sujets aille faire inscrire son nom sur les registres du lieu de sa naissance. Et c'est dans cette petite ville de la tribu de Juda que le fils de Dieu se montre au monde semblable à nous.

NOTA. Marie et Joseph sont debout et placés, à côté l'un de l'autre, là d'où le prie-Dieu a été enlevé. — le Père Éternel se tient toujours derrière la crèche, tandis que l'ange Gabriel en occupe l'angle gauche.

MARIE

(se tournant vers Joseph).

Vous connaissez, Joseph, l'ineffable mystère
Qui doit tant de bonheur apporter à la terre.
Ce mystère vous fut par l'ange révélé,
Lorsque sur mon état vous parûtes troublé,
Mais, pardon, chaste époux, si j'ai gardé mémoire
Du doute, des pensers qui feront votre gloire.
De nobles sentiments agitant votre cœur
Vous dictaient mon renvoi sans froisser mon honneur.
Dieu vous en bénira; car le Dieu de puissance
Va revêtir par moi la forme de l'enfance.
Il va naître et mon cœur souffre de ne savoir
Si je pourrai de mère accomplir le devoir.

En vertu de l'édit de l'empereur Auguste
Qu'on ne doit éluder, fût-il cruel, injuste.
Il m'est urgent, malgré les frimats, la saison,
D'aller à Bethléem faire inscrire mon nom.
Est-ce par fol orgueil, est-ce par politique
Que l'empereur César veut de la République
Connaître les sujets par un recensement ?
Que de gens vont souffrir de ce grand mouvement !

JOSEPH.

Nul dout que César par son édit, Marie,
Ne vexe bien des gens et ne les contrarie ;
Notamment les vieillards, les femmes, les enfants,
Pour qui rien n'est plus frêle, ni caduc pour les ans.
N'importe ; Dieu sera, durant notre voyage,
Notre appui, notre guide ; ayons donc bon courage.
Les liens dont le ciel nous unit pour toujours
M'imposent le devoir de veiller à vos jours.
Puis, la main du Très-Haut s'est faite votre égide
Dès l'instant que son fils en votre sein réside.
Sous ces auspices donc, rendons-nous à l'appel
Du prince qui sans doute est l'instrument du ciel.

Ici Marie et Joseph font quelques pas ensemble simulant de se rendre à
Bethléem. Arrivés devant la crèche, comme étant là le terme de leur voyage,
Marie dit :

MARIE

(en portant ses regards au ciel.

A vous, Seigneur, je dois mon heureuse arrivée
Dans la petite ville où jadis je suis née,
Comme à vous je devrai cette protection
Dont j'ai besoin ici dans ma position.

Pourtant quoiqu'il m'advienne en cette circonstance,
J'y bénirai la main de votre Providence.
Ce parti pris, Joseph, allez vous enquérir
Si les hôtes n'ont point de gite à nous offrir.

La Vierge chante ici les couplets suivants pendant que Joseph est derrière les coulisses.

Chant.

Sur l'air : *Un soir dans la forêt prochaine.*

Heureux celui qui, dès l'enfance,
Aima Dieu d'un amour constant ;
Qui mit en lui sa confiance
Dans les jours du péril instant.
Il n'eut du malheur les atteintes
Jamais, jamais à ressentir,
Le ciel sur ses vœux et ses plaintes,
Daigna toujours l'en garantir.

Le Dieu saint, juste et débonnaire
Ne nous donna point l'être en vain.
Il est un bon et tendre père,
J'en porte la preuve en mon sein.
Oui, s'il me rend vierge féconde,
C'est pour enfanter le Sauveur,
Qui doit, pour la terre et le monde,
Être un sûr gage de bonheur.

JOSEPH

(rentre ici, après avoir parcouru infructueusement les auberges de Bethléem et dit):

J'en ai le cœur navré, tendre vierge, Marie ;
Il n'est à Bethléem aucune hôtellerie

Qui nous puisse héberger, tant, à la vérité,
Le nombre est grand des gens, venus de tout côté.
Ce n'est qu'encombrement, il n'est pas un étage
Qui ne soit tout rempli d'étrangers de tout âge.
La cohue est au comble. Et, cent fois il vaut mieux
Loger dans un taudis, dans le pire des lieux. .
Ainsi, ce vis-à-vis que je crois une étable,
Bien qu'il soit délabré me paraît préférable.
Dieu, qui de Nazareth avec vous m'a conduit.
Peut-être y va combler nos souhaits cette nuit.

ACTE TROISIÈME.

Le Père Éternel,—l'ange Gabriel,—les anges,— les bergers,—Sylvestre et German.

SOMMAIRE. C'est, en effet, dans cette infecte et vile étable que Marie, s'y étant à peine logée, enfanta le Sauveur du monde, sans autre secours , ni soins que ceux de son vénérable époux Joseph. — Marie enveloppe son divin enfant de langes, Puis elle le couche avec des yeux de complaisance et de respect dans la crèche , entre deux animaux que Saint-Jérôme a pensé être un bœuf et un âne. — Aussitôt le Père Éternel proclame, d'une voix imposante, la naissance de son fils. il invite les cieux et la terre à lui rendre hommage et à l'adorer, malgré son prodigieux abaissement. — Sur cette invitation les anges chantent le *Sanctus Dominus*, etc., après lequel l'un d'eux, et mieux l'ange Gabriel, va informer de la naissance du Sauveur les bergers qui sont occupés à la garde de leurs troupeaux aux environs de Bethléem.

Nota I.— Pendant que la toile est baissée, on met à découvert la crèche.

Nota II.— Les bergers Sylvestre et German, ne devront sortir de leurs coulisses, à droite, que pendant la répétition du *Sanctus*. Ils auront l'air ébahi, et se tiendront debout une houlette à la main.

LE PÈRE ÉTERNEL.

Air : (*comme il est noté à part*).

Mon verbe s'est fait chair, l'immortel par essence
Vient de naître mortel au sein de l'indigence.
    L'étable est son palais,
    Une crèche est son trône;
    Et c'est de là qu'il donne
    Au monde entier la paix.
Cieux et terre à ses pieds apportez votre hommage :
Quel être enserrez-vous qui ne soit son ouvrage.
    De ses débiles mains
    Il a fermé l'abîme,
    Entr'ouvert par le crime
    Du père des humains.
    Sur la terre, comme aux cieux,
    Que tout l'adore
    Et tout l'honore
    Par des chants glorieux.
Mais, d'abord qu'aux bergers du voisinage,
Anges, par vous soit porté ce message :
Qu'il est né le Sauveur promis depuis Adam,
Que par lui doit crouler l'empire de Satan.

Les Anges chantent ici le *Sanctus Dominus* tel qu'il est noté dans la messe, dite la Récolette.

L'ANGE GABRIEL aux bergers.

Air : *O divine enfance......, dans Labat de Sérène.*

    C'est une nouvelle,
    Bergers de ces lieux,
    Qu'en ange fidèle
    J'apporte des cieux.

Il va, mon message,
Combler vos souhaits,
Et vous être un gage
De joie et de paix.

Le même ou un autre ange.

Il vient de vous naître,
Bergers, un Sauveur.
Du Ciel c'est le maître,
Le Dieu créateur.
Au fond d'une étable
Couché pauvrement,
Cet enfant aimable,
Bergers, vous attend.

Le même, ou un autre ange.

Dans ce lieu peu digne
Vous le trouverez.
A ce double signe
Vous le connaîtrez :
Il n'a que des langes,
Et point de berceau.
Chantons-le, saints anges,
Cet enfant si beau.

Après ce cantique les anges chantent en chœur le *Gloria in excelsis Deo, et in terra pax hominibus bonœ voluntatis.* Comme il est noté dans la Baptiste.

ACTE QUATRIÈME.

Les bergers, - Sylvestre, - German, - Jacques, - Mathias, - Toussan, - Pierre, Lucien, - le vieillard Valentin et l'Ange Gabriel.

SOMMAIRE. Les bergers, faisant la garde de leurs troupeaux dans le voisinage de Bethléem, sont effrayés d'abord par une éblouissante lumière qui les investit de toute part. Mais un ange les rassure, à l'instant, en leur disant la cause de ce phénomène surnaturel, c'est-à-dire en leur apprenant la naissance du Sauveur du monde. — Sur l'invitation qui leur est faite d'aller le reconnaître et l'adorer dans une étable à Bethléem, les bergers craignant de n'être dupe de quelque illusion des sens, vont s'éclairer, sur tout ce qu'ils ont vu et entendu, des conseils du plus sage et du plus instruit vieillard de la contrée. Ils s'abouchent, à cet effet, dans leur langue vulgaire.

NOTA. — La méfiance qui porte les bergers à consulter ce vieillard, nommé Valentin, n'est qu'une fiction épisodique dont le but est de faire ressortir avec quelle justesse les circonstances de la venue du Messie cadrent avec tout ce que les Prophètes avaient prédit de lui.

SYLVESTRE à GERMAN.

Holà ! l'ami German, as oousi lou lengagé
D'un qué si fa pourtur d'un célesté messagé ?
Si noun est véridiqué en cé qué n'a counta,
Foou pas m'en counvéni qué s'éntend' a canta.
Diguo mi dounc, German, qué parti dévén prendré ?
Crési sagé, é pruden dé noun rén entréprendré
Sén s'avé calcula, réfléchi muramen
Sur la réalita d'un tal événamen.

GERMAN.

N'en partagi pas m'en toun avis, ô Sylvestré,
Sauf de s'an'anquérir dé cé qu'aco poou estré.
Ché moussu Valantin, lou létru dé l'haméou ;
Car, dei téms primitifs déguun n'en soou may qu'éou.
Dès lors, la biblo én man, én savént interprèto,
Nous va tout esplica cé qu'an dit léi prouphèto.
Sur un passagi oscur pourrié ben si troumpa,
May lou fait point per point nous va dévéloupa.
Vité vay lou préga d'une courto éntrévisto,
Deou fayré la veyado émé soun fioou Baptisto.

SYLVESTRÉ.

Ayant à peine fait deux pas, et, apercevant de loin Valantin qui sort des coulisses opposées entre deux bergers, dit, en le montrant à German :

Oh ! si rescontro bén, veici l'hommé én questién,
Qué vén gesticulant vers Mathias é Lucien ;
Douei pastré, siou ségur, qué coundamnas pér Taro,
L'an consulta s'es tem dé n'appélar éncaro.
Faou peut-être uno errour, peut-être que s'agis
De l'affayré très-gravo, arribado oou lougis.
N'importo, avancén-si, countén li l'avanturo,
Doou récit vouali fayré iou-mémé l'ouverturo.

(Le même berger étant près de Valàntin.)

Hé, salut ! bouan papa, bouan moussu Valantin !
Pér vous ana parla m'èri més en camin.
Sachén qu'eis anvirouns passas pér un ouracle.
Bén qué n'agués gés fach éncaro dé miracle ;
Qué pér vouastrei talén, vouastré bouan jugeamen,
Avant d'agir caduu prén vouastré sentimen.

V'anavi fayré part, noun pas dé babiolo,
Coumo arrivo per fès én dé lénguo frivolo.
May d'un fait que d'oou ciel nous és esta parla,
Ou puléou que tantòt Diou nous a révéla,
Sé cé qu'avén bén vis, bén entendu tout'aro
N'est pas uno illusién, ni quaouqu'atrapatouaro,
C'est-à-diré cé qué s'es passa din leis airs,
Coumo la gran clarta, la voix é leis councers.

VALANTIN.

Es may qu'un météore aquéto clarta vivo
Qué fa tant travaya vouastr'immaginativo.
Es Diou qué dé soun sein, océan d'ésplandeur,
A versa sa lumière oou ciel, à vouastr'entour ;
Moougra qué la nuech sié qu'oou mitan dé sa courso
É qué brilloun énca la luno é la grand'ourso.
Quant à la douço voix, qu'oou rapport dé Mathias,
Doou ciel s'és fach' éntendré, alors qué gardavias.
N'a rén assuromen qué presté à l'équivoquo,
Coumo lou baragouin dé quaouque vantriloquo.
Vouali diré qué sioou counvaincu, très certain,
Que Diou a sur vous aoutré un glourious dessein.
Diray ben plus qué siou din la fermo crésénço
Qué Diou vous a fa part dé l'hurouso neissénço
D'oou Soouvur atténdu, proumés oou pèro Adam,
Coumo ei san Patriarcho, à Jacob, Abraham.
Car, si n'ay bén coumprés lou prouphèto Isaïo,
Michéou é Daniel, es vengu lou Messio.
É si mountés véngu vous play dé démanda,
Diray din Béthélém, én terro dé Juda.
Ensin dounc, meis amis, n'hésités pas à creyré,
Mettés-vous én dévé de partir, d'ana veyré
L'énfant qué, quoiqué na très-misérablomén,
Nés pas mén lou grand Rey, lou rey d'oou firmamén.

É quand lou trouvarés, oou diré de soun angé,
Coucha dins uno crêcho, envéloupa dé langé,
D'aoutr'idéo n'agués, sinoun qués lou Ségnour
Déquu tout nous réflèto eici-bas la grandour.

GERMAN.

N'aviou-ti pas raisoun dé vantar à Sylvestré
Lou papa Valantin, noun pas pér soun bén-estré,
May pér soun grand acquis, soun talén naturel,
Qué l'an rendu, ségur, un hommé universel.
Suivén dounc sei counséou, partén én diligénço,
Ei voulounta dé Diou la prompto ooubéissénço
Pouarto toujour bouanhur à l'hommé, tôt ou tard,
Hormis qué l'on agissé én ésprit dé cafard.
Dins une houro siguén à gravir la mountado,
Tant que sian dé bergiés én aquesto countrado,
A saché ; Jacqué é Pierré é Mathias é Toussan
É Lucien é Sylvestré é lou luroun German.

Ici quelques bergers, malgré les conseils du sage vieillard Valantin, et les avantages d'une prompte obéissance à Dieu, selon le prude German, hésitent encore à aller à Bethléem, les uns par timidité, les autres, à cause de leur piètre équipage. Cependant, encouragés par l'ange, ils se mettent en marche joyeux et chantants, à qui mieux mieux, en l'honneur du fils de Dieu.

Mathias,—Lucien,—Jacques,—Pierre et Toussan

(disent tour à tour en chantant sur l'air de l'ancienne Pastorale):

MATHIAS.

Pèr iou, d'in moun paouré équipage,
N'aougi pas m'ana présenta.

Én moun couar li rendray moun hooumagé :
Prégui Lucien dé mi réprésenta.

LUCIEN.

Hurous, si suivém mei coulègo,
Oougeavi diré un soulé mot !
Car, estén, coumo va siou, tant bèguo,
Ah ! ténès-mi coum'un pichoun marmot.

JACQUÉ.

Pourriou alléga tout dé mêmé,
Un moutif pér li pas ana.
Car, n'ay dit, malhurous ! un blasfémé ;
Ah ! Diou voudra-ti bén mi pardouna.

PIERRÉ.

Es vray, naoutré sian qué dé pastré,
Lei dernié dé nouastro tribu.
Nani, oou Rey qu'habito sur leis astré
Crégnén pas d'estré un objet dé rébu.

TOUSSAN.

Pensi qué quand Diou nous invito
Nés qué pér nouastré plus grand bén.
Pourtant crési qu'à nouastro visito
D'oourian chascun ajusta un présen.

L'ANGE.

Air : *O divine enfance...*

Qu'aucun ne chancèle,
Bergers, d'entre vous :

Courez pleins de zèle
A ce Dieu si doux.
Il ne vous demande,
En signe d'amour.
Qu'une seule offrande.
Vos cœurs sans retour.

Les bergers partent tous ensemble, chantant en chœur : *Sur lou champ..*,
après que l'un d'entr'eux a entonné et chanté seul tous les couplets de ce
cantique, sur l'air : *Oui, demain, demain pour un prince qu'on adore.*

Sur lou champ, sur lou champ, sur lou champ,
  Puisqué Diou nous invito,
  Anen fayré visito
  A soun divin énfan.

Répéter en chœur: Sur lou champ, etc.

(Le même berger qui a entonné).

  Leissén à Diou la gardo
  Dei troupéou qué n'avén.
  Ce qu'aro nous régardo
  És d'ana à Béthélém.
   Sur lou champ, etc.

  Trouvarén, d'après l'angé,
  Aquel enfan, tant béou,
  Couvert dé paouré langé;
  La crécho és soun berceou
   Sur lou champ, etc.

  Dou sein de la misèro
  N'oourian jamay crésu
  Qu'aquéou Diou sur la terro
  Siguéssé apparéissu.
   Sur lou champ, etc.

Dédaignan lei richesso,
Leis hoounours, lei plésirs,
Diou voou, din sa sagesso,
Régla nouastrei désirs.
Sur lou champ, etc.

Bén qué la ressemblanço
Agués prés d'un enfan,
N'és pas mén la puissanço,
Lou Diou terriblé é grand.
Sur lou champ, etc.

ACTE CINQUIÈME.

L'Ange,—Jacques,—Pierre,—Mathias,— Toussan.

SOMMAIRE. Les bergers étant supposés arrivés devant la crèche, sous la conduite de l'ange Gabriel, et n'osant en franchir le seuil à cause d'un saisissement subit de frayeur, l'ange les encourage à entrer ; puis il leur montre l'enfant divin , gisant sur un peu de foin, et chauffé par le souffle de deux animaux, leur explique le motif d'un tel abaissement par le cantique : *Entrez, entrez......* Alors, les bergers, ou du moins quelques-uns s'épanchent, aux pieds de la crèche, en des sentiments mêlés de sensibilité et de reconnaissance, par le chant de : *Célébrén pér un hurous mélangi,* etc.

L'ANGE GABRIEL,

(ou tout autre ange, chante le cantique suivant, sur l'air: *O Fontenay,* ou, *Descends des cieux, aimable modestie*.

Entrez, entrez, ô troupe fortunée,
Prosternez-vous aux pieds de cet enfant.

Il est dè Dieu la sagesse incarnée,
Et son amour l'a réduit au néant.

Croyez, Bergers, malgré les apparences,
Au Dieu qui pleure entre deux animaux.
Il se condamne à l'exil, aux souffrances ;
Puis, il mourra par la main des bourreaux.

Sans cet excès de bonté, de tendresse
Vous n'eussiez pu le voir dans sa splendeur.
Exaltez donc par des chants d'allégresse
Son nom si doux, celui de Rédempteur.

(Quelques bergers au nom de tous).

SYLVESTRÉ.

Sian counfus, ô Ségnour, d'oou paou dé diligenço
Qu'avén més à vénir davant vouastro présenço.
Dès qu'un angé és vengu nous diré qu'érias na,
Dévian parti dé suito é noun plus raisouna.
Coumo bén d'aoutré avian uno poumpouso idéo
D'oou Messio announça pér rey dé la Judéo.
Si lou figuravian un très-gran pouténtat,
Régnan sur Israël, sur lou moundé ém'esclat.
Si lou figuravian coumo un foudro dé guerro,
Pér leis armos doumptant lei poplé de la térro,
É délivran lei juifs dé tout joug estrangié ;
Vaqui ce qu'attendian naoutrei paourei bergié.
Dins aco qué siguén, ou siguén pas blamablé ·
Ooublidas nouastr'errour, ténés-nous excusablé. .
Lou régret din lou couar d'avant vous s'abeissan,
É toutei v'adouran coumo lou Tout-Pouissant.

*Ici les bergers fléchissent tous le genou jusqu'à terre en signe d'a-
doration.*

PIERRÉ.

Perméttés qu'à moun tour, ô bouan et divin mestré,
Vous exprimi cé qué vén d'ooublida Sylvestré.
Erian, avant d'intra, tous saisi de fréyour,
Tant si crésian l'indigné objét de vouastr'amour.
Aro qué v'aven vis, énfan lou plus aymablé,
Noun, trouvan rén din vous qué siégué rédoutablé.
Luén d'aqui vouastr'aspect, inspiro l'abandoun,
La counfianço én vous, l'espoir de tout pardoun.
Un mot pourtant qué vén d'articula vouastr'angé,
Noun, poudié nouastrei couar countrista davantagé.
Qué disi? nous a fach un effet bén cruéou,
Puisqué d'oourrias mourir pér la man déi bourréou.
Oh! qu'és dounc sans piéta la divino justici
Pér exigea dé vous un tan grand sacrifici.
Pér nous durbir lou ciel é nous lou mérita,
Ero bén proun déi maou dé nouastro humanita.
Oui d'aquélei maou qu'avés, outro mésuro,
Déjà souffer, hélas! dins aquesto masuro.
Toutofés adouran la santo voulounta,
Qué sur vous vouastré péro a dés l'éternita.

TOUSSAN

(ou tout autre berger).

Qu'aou mystéri cita qué siégué mén croyablé
Qu'aquéou qué si présént'eici dins un establé.
Coumo creyré qu'un Diou neissé paouré é souffran,
N'estén pas mén toujours lou Diou terriblé é grand!
Cépandant va crésén, oou peril de la vido,
Tant d'aquélo crésenço avén la garantido.

A vouastrei pés, aussi, souffrés. divin énfan
Qu'én vous, cantén la glouaro é l'amour trioumphan.

(Le même berger se met à chanter le cantique suivant):

CANTIQUE.

Air connu.

Célébrén per un hurous mélangé.
O bergiés, un jour tant fourtuna !
Qu'à jamay siégué hoounour é louange,
Glouaro, glouaro oou Diou qué nous és na.
  Glouaro, glouaro, etc.

(*Tous les bergers*).

Glouaro, glouaro oou Diou qué nous és na.

(*Le berger*).

Glouaro, gloua, a a a a a a ro.

(*Tous*).

Glouaro, glouaro oou Diou qué nous és na.

(*Le même berger*).

Gémissian soutt'un rudé ésclavagé,
Un enfan nous a déscadéna.
Crégnén plus teis effort, ni ta ragé,
O satan, toun ampiro és rouyna.
  Glouaro, etc.

Paour'Adam, aviés perdu ta raço.
Eu pécan n'aviés toutei damna.

Dé tei maou resto plus qué la traço ;
Plonrés plus, un Diou s'és incarna.

    Glouaro, etc.

Qué dé sants an brula dé vous veyré,
Bél enfan qué Diou nous a douna.
Qu'u d'éléi oourié pousquu va creyré
Qu'éici neissessias abandouna.

    Glouaro, etc.

Én sachén qué sias nouastré moudélé,
Voulén sur vouastrei pas camina.
Qu'aouqué sort qu'à souffrir nous appélé,
Pensarén qu'én souffrén, vous, sias na.

    Glouaro, etc.

L'ANGE.

Air : *O Fontenay, ou tout autre.*

Ces sentiments envers le Dieu fait-homme,
Gravez, bergers, gravez-les dans vos cœurs.
Puisqu'on n'arrive au céleste royaume
Qu'en suivant la trace de ses douleurs.

    Priez, ici, la Très-Sainte Marie :
    Priez Joseph, modèle de vertus.
    Afin que dans la céleste Patrie,
    Après la mort, vous soyiez tous reçus.

Le berger Mathias, ou tout autre, renouvelle à Jésus, au nom de tous,
l'engagement déjà pris de lui être à jamais fidèles, priant Marie et Joseph
de leur obtenir, jusqu'à la mort, la persévérance dans de tels sentiments.

MATHIAS.

Dé nouvéou, sant enfan, vous prénén per moudélé,
A vous, à vouastre ley juran d'estré fidèle.

En n'ouastrei couar avèn grava lei séntiméu
Qué vén dé v'esprima Toussan, tant soulomen.
Lou moundé a béou vanta dé sei plésir l'ivresso,
E dé soun faoou bouanhur nous fayré la proumésso.
Méscompté dé tout genro, échec é trahisoun,
Vaqui lei fruis amar, qu'offro en touto saisoun.
Én vian ooussi coumbén n'én dupo é mystifio,
En gardo si ténén contro sa perfidio.
E si lou fréquantan, és per nécessita,
Coumo lorsqué s'agis dé vendré, ou d'achéta.
Pér n'aoutré, lei bergiès, n'avén dé jouissénço
Qué d'estré bén én pax émé nouastro counsciénço.
D'eyma Diou, lou prouchain, de rendré à noustré tour
Lei benfas dei paréns qué n'an douna lou jour.
Crésen pas qué dégun, din tout lou vésinagé,
Nous pouasqué réproucha lou plus pichoun dooumagé.
Lei gardo qué nous véyoun, é taou és soun dévé,
Disoun qu'én faouto n'an jamay vis nouastr'avé.
Dé cé qué si flattan est la vérita puro ;
M'oougr'aco, coumo sian fragilés, pér naturo.
É qué, dé trébuqué, toujours l'esprit-malin
Sous nouastrei pas s'en va saménan per camin.
O Mèro de Jésus, vous prégan ém'instanço
Qué n'oouténguès dé Diou lou doun dé la counstanço.
Qué jusqu'o qué paguén lou tribut à la mouar,
L'éymén, é lou servén toujours may dé bouan couar.
   E vous, justé Joouseph, lou chef dei Patriarcho,
Qué d'oou troné dé Diou siégeas eis haoutei marcho,
Oouténés-nous, ooussi, per vouastré grand crédit,
Qu'à Jésus, en l'eyman, réndén un jour l'esprit.

ACTE SIXIÈME.

L'ange Gabriel, — Pierre et le Père éternel.

SOMMAIRE. Après que les bergers ont juré obéissance à Jésus comme à sa loi, et prié Marie et Joseph de les soutenir de leur protection jusqu'à la mort, l'ange les convie à glorifier encore une fois et en chœur, le fils de Dieu, sur les bienfaits de sa naissance. Ce qu'ayant fait, ils supplient le Père éternel de les bénir avant leur départ. Et, en effet, le Père éternel condescend à leurs vœux, sitôt que Pierre ou tout autre, a chanté : *Avant nouastro parténço.*

L'ANGE

(chante sur l'air : *Anges des cieux*, comme dans le luth de Marie).

Encore un chant à la gloire, en l'honneur
De cet enfant, bergers, votre sauveur.
Célébrez, à l'envi, le mystère ineffable
Que son berceau vous offre en cette pauvre étable.

(*Les bergers en chœur*).

Cantén, bergiés, à la glouaro, én l'hounour.
D'aquèl'enfan, lou divin Rédemptour.

Chantez en lui le prince de la paix ;
De sa naissance exaltez les bienfaits.
Il dépouille Satan de ses droits, de ses armes.
Mortels, ne craignez plus la guerre et ses alarmes.

CHOEUR. Cantén, etc.

Louez en lui son amour triomphant :
Pour vous sauver il revêt le néant.
De son père irrité désarmant la justice,
Par ses cris et ses pleurs il vous le rend propice.

    CHOEUR. Cantén, etc.

Glorifiez, bénissez en tous lieux
Cet enfant, roi de la terre et des cieux.
Que par vous les échos, instruits de sa naissance,
Répètent vos accents pleins de reconnaissance.

    CHOEUR. Cantén, etc.

Adieux et vœux des Bergers.

PIERRE

(chante sur l'air : *A l'autel de Marie*).

Avant ñouastro partenço
Accourda-nous, Ségnour.
Lou doun dé l'innoucénço,
Coumo tout vouastr'amour.

Contro touto disgraci
Préserva-nous, Ségnour ;
Qué gardén vouastro graci,
Coumo tout vouastr'amour.

Qu'én naoutré, sur la terro
Tant qué sian dé séjour,
Brillé vouastré lumièro,
Coumo tout vouastr'amour.

Douna-nous pér richesso
Lou pain dé chasqué jour ;
La santa, la sagesso,
Coumo tout vouastr'amour.

Dédin nouastrei méinagé,
Tout coumo à nouastr'entour.
Qué la fé, d'àgé én àgé,
Régné émé vouastr'amour.

Souhaits et bénédictions du Père éternel.

(Récitatif comme il est noté).

Partez, bergers, vivez heureux
De l'avant-goût des cieux,
Qui vous est donné dans cette étable
Par l'aspect de la face adorable
De mon fils dont l'empire embrasse tous les lieux ;
    De mon fils au nom duquel
    Moi, le Père éternel,
    Je vous promets en récompense
    De votre foi, de votre obéissance,
    Pour ici-bas, toute prospérité,
    Et dans le ciel toute félicité.

Laudate Dominum omnes gentes, etc., (en faux bourdon).

NOELS NOUVEAUX.

Noël imité de l'ADESTE FIDELES,

dont le chant pourrait s'alterner avec, sur le même air.

Un ange fidèle,
Bergers, vous appelle
Aux pieds d'un enfant
Le fils du Tout-Puissant.

Allons, sous des langes
Voir le roi des Anges ;
A Bethléem vient naître
De l'univers le maître,
Courons-y pleins d'ardeur
Adorer le seigneur.

  En CHŒUR, *(bis)*.

Laissons, sans ombrage,
Dans ce pâturage,
Laissons nos troupeaux,
Bergers de ces hameaux.

Et sans plus attendre,
Joyeux, allons rendre
Un hommage sincère
A ce Dieu notre père,
Et dont la charité
Brille en sa pauvreté.

  En CHŒUR, *(bis)*.

Le Dieu de puissance.
Voilé sous l'enfance,
N'a pas d'autre cour
Qu'une étable en ce jour.

Oh! qui le contemple
Et suit son exemple,
Hait du monde la gloire,
Et ne perd de mémoire
Qu'en vivant humblement,
C'est vivre saintement.

    En CHOEUR, *(bis)*.

Pour l'homme coupable
Un Dieu, tout aimable,
S'abaisse aujourd'hui,
Et se fait son appui.

Allons à sa crèche,
C'est là qu'il nous prêche
Que souvent l'indigence,
Selon sa providence,
Nous fait trouver au ciel
Un trésor éternel.

    En CHOEUR, *(bis)*.

Autre,

(sur l'hymne et le ton du *Christe redemptor*).

Jésus-Christ, ô Diou plén d'amour,
De toutei sias lou rédemptour ;
Avant dé vous estré éncarna,
D'oou péro déjà érias na.

Lou Pèro n'ésclaro pér vous
Qué sias l'espéranço dé tous.
Qu'aquéou qué v'invoquo ooujourd'hui
Obténgué graci é vouastr'appui.

Souvénés-vous, divin Soouvur,
Qu'aoutrei fés, per nouastré bouanhur.
D'uno viergi, vous, neissérias,
Et nouastré imagi prenguérias.

Lou présént jour, toutei leis ans,
Nous dit qué sian vouastreis enfans :
Qué d'oou ciel soulé descendu
D'oou moundé avés fach lou salu.

Qué sur la terro, oou firmamén,
Qué din lei mar pareillomén,
Tout canté per glourifia
Lou péro qué vous a manda.

N'aoutré tan bén qué sian ista
Per vouastré sang touei racheta,
Cantan un hymno tout nouveou,
En l'hounour dé vouastré bercéou.

Glouar'à vous, Ségnour, fach enfan,
Glouaro oou Pèro, à soun Esprit-San,
Glouaro à la Santo Trinita,
Aro é pandant l'éternita.

Autre, sur le MAGNIFICAT.

Air : *Ah ! vous dirai-je, maman.*

Lou soouvur d'oou geanr'humén
Vén dé neissé à Bethélém.

Tout tressaïs d'allégresso,
A l'adoura tout s'empresso.
Exaltén dounc sa bounta,
Entounén : *Magnificat.*

Imitén l'ardént amour
Dei bergiés quand fan sa cour
Oou mestré dé la naturo,
Coucha dins uno masuro.
Dé Mario agnén l'esprit,
En dian : *Et exultavit.*

Sou la formo d'un énfan
Adourén lou Tout-Puissan.
Émé la fé dé sa mèro
Countémplén aquéou mystéro.
É d'élo sèra rédit
Toujour *Quia respexit.*

Aquéou dé quu lou san noum
Espouvanto lou démoun.
Dé vous a prés la neissénço,
O Viergé per excellénço.
Émé vous dirén ooussi
Lou *Quia fecit mihi.*

A sa ley sé sian soumés,
Aquéou Diou nous a proumés
Uno part à sa courouno ;
Aro dounc qué nous pardouno,
A sei pés s'anén gitta ;
Et *Misericordia.*

Sé voulén dé lourguyous
N'avé lou sort malhurous.
Escoutén Diou qué nous prècho
L'humilita dé sa crècho.

Crégnén sa puissanto man,
Car, *Fecit potentiam.*

Vian souvén qué lou Ségnour
Humilio la grandour,
Et qu'uno testo altièro
És l'oooujet dé sa coulèro,
Car, n'est pas én van escrit
Lou verset *Deposuit.*

Léi paouré qué crégnoun Diou
Séran béni dé soun fioou.
Oui, souvén, din l'indigenço
Sa man ploungeo l'ooupulenço,
Aco n'est pas dit d'esprès
Témoin : L'*Esurientes.*

Qué bouanhur qu'avén agu
Qué Jésus siégué véngu
Nous tira dé l'ésclavagé.
Dé l'infer, nouastré partagé.
Adreissén à l'Éternel,
Lou *Suscepit Israël.*

Abram s'éro réjoui
D'oou jour qué vén dé lusi,
D'éou neissé lou rey dé glouaro,
És justé qu'à sa mémouaro,
A diré signén touei lés,
Lou *Sicut locutus est.*

Glouar'oou Pèro, à l'Esprit-San
Tout coumo oou divin enfan.
Én toutei réndén hooumagé.
Eici, Chréstian, dé tout âgé,
Dévén léi rémercia
Per lou chant d'oou *Gloria.*

Ségnour, qué jusqu'oou trépas
Jouissén dé vouastro pax,
Fés qué dé vouastré servici
Aro goustén lei délici,
É qu'après anén canta,
Din lou ciel, *Sicut erat.*

Autre.

Air: *O ma tendre musette.*

O! l'hurouso nouvello
Qu'un angé doou Ségnour,
Nous adus, pléin dé zélo,
D'oou célesté séjour.
D'après éou lou Messio
És na din Béthélém,
D'uno viergé Mario,
Per nouastré plus grand bén.

Bergiés dé la countrado,
Escoutas din leis airs,
Juga la sérénado
Ou rey dé l'univers.
Toueis leis angés ensemblé
Lou festoun, à l'énvi:
Imitén soun exemplé
É réjouissén-si.

Oui, cantén la victouaro
D'aquéou divin enfan,
Rendén, rendén li glouaro,
D'un air tout trioumphan.

D'oou plus dur esclavagé
Vén dé nous rétira :
L'infer, nouastré partagé,
Jamay plus noun séra.

Dé nouastro obéissènço
Dounén la provo à Diou.
Anén, én diligénço,
Récounoueissé soun fioou.
Sur cé qué l'angé assuro,
Trouvaren l'enfantoun,
Presquo nus sur la duro,
Coucha dins un cantoun.

Quand Jésus sur la paillo
Veyrén, ô meis amis,
Trattén pas dé canaillo
Lei gens d'aquéou péys,
Si doou ciel lou grand mestré
A vougu neissé ansin,
És afin dé miés estré,
Nouastré bouan médecin.

Per aqui, dei richesso
Nous précho lou néan.
Dis, qué din la détresso,
Foou adoura sa man.
Qué tout n'és qué fumado,
Lei plésirs, leis hounours ;
Qué n'és pas dé journado
Senso joua, senso plours.

Toujours, dé sa doctrino
Aguén lou souvénir.
É qué sa ley divino
Nous servé à l'avénir ;

Pér ana din la glouaro
Jouir dé soun aspect.
Pér aro fèn mémouaro
Dé Mario é Joouseph.

O! vieillar, vénérablé
Pér toutei lei vertus ,
Rendés-nous favourablé
Lou san couar dé Jésus.
É vous, divino mèro ,
D'oou divin rédemptour,
Fés qué nouastro prièro
N'attiré soun amour.

Autre.

Air : *Tous les bourgeois de Chartres.*

L'y a presquo douei mill'an
Qu'un Diou s'és fach enfan.
Qué neissé din la nué,
Dins un bén tristé lué.
La Viergé la plus puro,
Dédins uno masuro
L'enfanté sans témoin,
    ni soin,
Entré lou buou é l'ay,
    es vray ;
Lou couché sur la duro.

Aquéou Diou incarna,
A péno fougué na,

Qué sei vagissomén [1]
Van jusqu'oou firmamén.
Alors, dé soun bouan péro
Désarmo la couléro,
Pér sei plours é sei cris
    li dis :
Pardounas cis enfan
    d'Adam :
Pardounas à la terro.

Lou Ségnour, nouastré Diou,
A eisoauça soun fioou.
May, voou qué dé sa cour
Récébé tout hoounour.
A l'instant la countrado
Dévén touto ésclarado
D'un plus brillan souléou
    qu'aquéou,
Qué respendé én tous lués
    sei fués,
Qué formo la journado.

Outro la grand clarta
Qué vén manifesta
Ei gens de Béthélém
Un Diou na paouramén.
Foou diré qué leis angés
Célébroun sei louangés,
Qué dé sei doux councers
    leis airs
Rétantissoun, loungtém,
    oou luén.
Qu'és grand Dioou sous dé langés !

---

[1] Cris des enfants à peine nés

Dé joucinei pastouréou,
Véyan sur sei troupéou,
Soun saisis dé fréyour
Dé si veyré en plén jour.
D'énténdré sur sei testo
Uno troupo célesto,
Glourifian lou fiou
   dé Diou,
Prouclaman d'cici bas
   la pax :
Oh ! si disoun : qué festo !

D'oou Ciel un messagié
S'approuchan dei bergié ,
Li dis : mei bravei gén ,
Noun vous troublés dé rén.
Vous és na lou Messio ,
L'objet dei prouphétio ,
Qués ista tan dé fés
   proumés ,
Sera vouastré bouanhur ,
   ségur,
Qué tout lou rémercio.

Réndés-vous , oou plus léou ,
Ei pés dé soun bercéou.
Dé soun excès d'amour
Paga lou dé rétour.
Veyrés dins un establé
A quel'enfant eymablé ,
Sur la crècho plouran ,
   souffran ,
Pér sa mèro nourri ,
   couvri
Dé langé misérablé.

Lei bergiés , rassura ,
S'én van dounc adoura
Lou fioou dé l'Éternel ,
Attendu d'Israël.
A Béthélem , sa villo .
Si rendoun tout dé filo :
Arrivoun à l'endré,
   tout dré ,
Sélon qué l'èro esta
   counta
D'aquéou piétous asilo.

Quand si soun introuduis
Dins aquéou vil réduis ,
An vis rééllomen
Lou pichoun sur dé fén ,
É la Viergi , sa mèro ,
Qué dei zuei lou vénèro ,
Et lou grand sant Joousè
   sur pé ,
Courba sur soun bastoun,
   ou jounc ,
Qué li tén luè dé pèro.

Si mettén à ginous,
Lou plus agea dé tous ,
Lou prègu'én soun patois,
Sénço afféta la voix :
O puissan Rey dé glouaro ,
A vous és la victouaro
Qué nous a délivra ,
   soouva
D'oou plus cruel tyran,
   satan.
Va mettrén én mémouaro.

Un acoutré, à soun tour,
Li ésprimo soun amour,
Én dian qu'à Béthélém
L'y a dé marridei gén.
Voudriou qué la canaillo
Qué sur lou fén, la paillo.
Dé neissé vous an ooubligea,
                    fourça,
Aguéssoun à souffrir,
                    pàtir
De tout en réprésaillo.

Un gaillar pastouréou
Sourtén soun chaluméou,
Si metté à juga
Un air qu'à coumpousa.
Pér aqui glourifio
Jésus, émé Mario,
É lou pious vieillard,
                    sans fard.
Qué dé joua tréssaïs,
                    jouïs
Moougr'aco s'humilio.

Après agué réndu
Cé qu'à Dioou és dégu,
Lei bergiés l'an préga,
Puis li an counsacra
Seis agnéous é seis fédos,
Pargas entré dé clédos;
Soun sourtis tous énsém,
                    countén,
An régagna sei geas,
                    rén las.
Talo sié nouastro vido.

LES ROIS MAGES,

OU

PIÈCE RELIGIEUSE,

EN TROIS ACTES;

PRÉCÉDÉE

D'une brève dissertation historique sur le pays et la qualité de ces saints personnages;

PAR

L'Auteur de la Pastorale chantante et récitante.

Quid est quod sic turbaris, Herodes?
Pourquoi vous troubler ainsi, ô Hérode?
(St. Fulg., 5, sur l'Épiph.)

AIX,

IMPRIMERIE DE PARDIGON, RUE D'ITALIE, 9.

1855.

DISSERTATION

SUR

LES ROIS MAGES,

OU

Observations analytiques sur leur qualité, leur pays et l'étoile qui leur servit de guide jusqu'à Bethléem.

Il est des événements, des faits, avérés et garantis, à ce point, par l'histoire, ou la tradition orale, qu'ils ne sauraient rien perdre de leur certitude, malgré la longue série des âges qu'ils ont, parfois, à traverser. Tels sont, soit la défaite de Darius par Alexandre-le-Grand, près la ville d'Arbelles, en Asie [1], soit la victoire remportée par Marius contre les Cimbres et les Teutons, près le bourg de Pourrières en Provence [2],

---

[1] C'est en 356, avant Jésus-Christ, que Darius, roi de Perse, fut défait avec une armée de 600 mille hommes au passage du Granique, tout près d'Arbelles, ville de Phrygie en Asie.

[2] C'est en 107, avant l'ère chrétienne, que Marius, général des Romains, remporta une célèbre victoire contre les Cimbres et les Teutons dans la vaste plaine de Pourrières (Var), le long de la rivière de l'Arc, dont les eaux furent rougies du sang des combattants.

tels sont encore, pour l'histoire sainte, la construction du temple de Jérusalem par le roi Salomon [1], et la venue des rois mages à l'étable de Bethléem, sous le roi Hérode, pour y adorer le Messie, nouvellement né, et si formellement promis à nos premiers parents, Adam et Éve. Ce dernier événement, surtout, qui est comme un jalon de l'œuvre réparatrice pour notre pauvre humanité, ne saurait être plus incontestable. C'est aussi de cet événement que nous allons traiter, dans les justes limites d'un aperçu, sur le témoignage irrécusable des SS. Pères, et la garantie des plus graves commentateurs, pour servir de préambule, et comme d'un titre de créance à la pièce suivante, qu'un motif tout religieux et populaire nous a dictée au milieu des rares loisirs de notre devoir pastoral.

A cet effet, et pour que le texte sacré qui nous sert ici de point de départ, ne présente rien d'irrationnel à nos lecteurs, comme rien de ardu aux intelligences vulgaires, nous irons au devant de toute difficulté spécieuse, ou factice, en expliquant, avec le plus de lucidité possible, les endroits qui en pourraient paraître susceptibles.

Disons donc, en premier lieu, ce que signifie le nom de *mages*. Ce nom ayant la même consonnance que celui de magicien, en a aussi la même significa-

---

[1] Le roi Salomon, fils de David et de Bethsabée, fit bâtir au Seigneur un temple dont la beauté et la magnificence le mirent au-dessus de tous les édifices élevés jusqu'alors à l'Être suprême : il employa sept ans et plus de 250,000 hommes à la construction de ce temple, lequel fut achevé l'an 3000 depuis la création du monde.

tion, c'est-à-dire qu'il signifie, dans son sens générique, *devin interprète de songes, de prodiges, tireur d'horoscope*, etc.; tels furent considérés, de tout temps, les mages en Perse, où leur profond savoir les fit jouir de tant de crédit et d'influence auprès des princes, que ceux-ci ne décidaient rien sans leur avis préalable, même quand il s'agissait de punir ou de récompenser. Le roi Cambyses fit plus, au rapport de l'histoire, en partant pour son expédition contre l'Égypte, il les investit du gouvernement de ses états, d'où il advint que, ce prince étant mort, les mages restèrent assez longtemps les maîtres de l'autorité souveraine.—Dans la Chaldée, l'Arabie déserte et les pays d'alentour, les mages n'étaient pas autrement réputés que des *devins*, des *prophètes*, des *philosophes*, c'est-à-dire des savants, faisant profession de sagesse, bien qu'ils se livrassent à l'art de la divination et à la science de l'astrologie judiciaire, art et science qui, au sentiment de St. Ignace, d'Origène, de St. Ambroise et de Tertullien, n'étaient nullement illicites, mais permis en ce temps-là. Aussi, ce dernier Père semble-t-il dire que ce fut par le moyen de l'astrologie que les mages, dont il est plus particulièrement question ici, connurent la venue de Jésus-Christ. L'abbé Rupert, en voulant parler d'eux, leur donne le nom de prophètes, d'hommes inspirés; à cause, sans doute, qu'en voyant briller au ciel une étoile nouvelle, ces mages durent connaître bien plus, par l'inspiration du Saint-Esprit, que par le secret de l'astrologie judiciaire, que c'était là l'étoile

de Jacob [1] prédite par Balaam ; le cardinal de la Luzerne en a pensé de même.

En second lieu : Passons à l'explication du mot
Orient, de quel point oriental a-t-il voulu entendre
St. Mathieu ? Est-ce des régions qui avoisinent l'Euphrate, ou des régions situées plus au fond de l'Asie?
Suivant l'opinion très-plausible de Tertullien, de
Justin et autres Pères de l'Église qui se sont pourtant
abtenus de préciser les lieux où ont habité les mages,
ceux-ci sont réellement venus des environs de l'Euphrate, à savoir : de la Chaldée, de l'Arabie déserte, ou
de la Mésopotamie, par le motif déterminant que ces
pays sont à l'Orient de la Judée, dite aujourd'hui la
Syrie. L'écriture vient à l'appui de cette opinion sur
maints et maints passages , en ce qu'il n'y est point
désigné d'autres contrées, sous la dénomination cos-
mographique d'*Orient* ; d'ailleurs, si les Pères, comme les commentateurs, s'accordent à dire, d'un côté,
que les mages ont été les successeurs de Balaam , et,
de l'autre, que ce prophète était natif de la ville de
Péthora sur l'Euphrate, n'est-ce pas clair, jusqu'à la
dernière évidence, que c'est de ces pays orientaux
que les mages vinrent à Jérusalem, en disant : *Où est
le roi des juifs ? car , nous avons vu son étoile en
Orient et nous sommes venus l'adorer.* Autre preuve,
non moins logique et non moins concluante, com-

---

[1] Balaam , mandé à la cour de Balac, roi des Moabites , pour maudire le
peuple hébreux, ne prononça, au contraire, que des bénédictions sur lui, qu'il
sortirait une étoile de Jacob et un rejeton d'Israël, etc. C'est à quoi il fut forcé
par l'ange du Seigneur. *Nomb.* 6, 23 et 24.

ment les mages auraient-ils pu savoir et croire que l'étoile qui venait de leur apparaître était bien celle de ce prophète, s'ils n'eussent été positivement instruits de sa prophétie autant par la tradition de père en fils, que par la théologie dont ils faisaient l'objet principal de leurs études? En outre, comment auraient-ils acquis cette connaissance traditionnelle, s'ils ne fussent nés, et n'avaient vécu dans la contrée natale de Balaam? Pourrait-on objecter qu'ils ont dû être inspirés, sur l'apparition de cette étoile et sur son identité avec celle de Jacob? Soit, mais cette hypothèse que nous admettons volontiers, comme très-fondée et sous bénéfice de preuve subsidiaire, en faveur de la vérité que nous soutenons, se concilie sans peine avec notre conviction, c'est-à-dire que les mages avaient connu, par la tradiction et l'étude des oracles sacrés : *qu'il sortirait un jour, de Jacob, une étoile* pour annoncer la venue du Messie, et que cette étoile fut reconnue par eux, comme telle, dès son apparition; donc, les rois mages n'ont pu venir en Judée que des pays sus-indiqués, pour l'*Orient* de ce royaume.

Mais, pourquoi cette appellation de *rois* que nous venons de donner aux mages? est-ce un fait historiquement prouvé que leur royauté? Tout ce que l'on sait à cet égard, dans le sens affirmatif, on le tient de quelques SS. Pères, entr'autres de Tertullien, Paschase, Radbert et Théophylacte. Le premier déduit son opinion de ces paroles du psalmiste : Les rois d'Arabie et de Saba lui offriront des présents. *Ps.*

6.

71, *v*. 10. Après, il ajoute, sans nul commentaire : Car l'Orient a d'ordinaire des mages pour rois. *Nam et magos reges ferè habet Oriens* [1]. Les deux derniers sont encore plus exprès, et leur grave sentiment qu'ils ont dû puiser indubitablement au canal de la tradition, équivaut, à nos yeux, au témoignage humain, écrit, qu'on nomme histoire : l'Église catholique, elle-même, tout en laissant une entière liberté de croyance sur ce point, a inséré dans l'office du jour de l'Épiphanie, des expressions qui induisent à croire à la royauté des mages.

Ce que l'on peut contester ici aux mages, sans porter atteinte, le moins du monde, à la vénération et au culte religieux dont ils n'ont cessé d'être l'objet depuis bien des siècles, ce sont les noms de *Gaspard*, de *Melchior*, et de *Balthasar* qu'il a plû, l'on ne sait à qui, de leur donner. Ces noms et d'autres, tirés arbitrairement du grec, sont d'invention moderne, l'on n'en trouve aucun vestige dans l'antiquité, ni dans les écrits des SS. Pères qui ont le plus disserté, *ab ovo*, sur cette matière. Malgré cela, nous avons jugé à propos de leur attribuer les noms, sus-articulés, dans la pièce que l'héroïsme de leur foi nous a inspirée, et nous estimons, d'après l'usage toléré dans l'Église, qu'on peut très-légitimement les imposer aux nouveaux-nés sur les fonts du baptême.

En troisième et dernier lieu, abordons la question la plus controversée et qui surgit tout naturellement

[1] Tertull., contre les Juifs, et liv. 3, contre Marcion.

sur la nature de l'étoile nouvelle que l'on vit en Orient, au moment où naquit le Messie.

Qu'était-ce donc que cette étoile? Cette étoile qui, selon la belle et poétique expression de St. Augustin, n'était que la magnifique langue du ciel [1], fut un astre nouveau, créé tout exprès pour apprendre aux hommes la naissance du Messie. C'est ainsi que l'ont pensé et dit, dans leurs sermons et homélies, St. Ambroise, St. Léon-le-Grand et St. Basile. Origène, Maldonat et autres, ont prétendu que cette étoile était une espèce de comète extraordinaire ; plusieurs autres, tels que St. Chrysostôme, Euthyme et Césarius, ont cru voir dans cet astre un ange, revêtu d'un corps lumineux, à cause qu'il parut être doué de raison et d'intelligence, durant toute sa marche, c'est-à-dire tantôt en s'éclipsant, ou se faisant revoir, tantôt en s'avançant, ou s'arrêtant partout où il le jugeait à propos. Pline, dans l'histoire naturelle [2], porte encore plus loin l'idéal du merveilleux. Selon lui cette étoile était une comète à chevelure couleur d'argent, d'un éclat insoutenable à la vue, et présentant au centre de son foyer lumineux *un Dieu sous la forme humaine*.

Chalcidius, philosophe platonicien, s'exprime ainsi dans un commentaire sur le Timée de Platon : « Il « faut remarquer une autre histoire bien plus sainte « et plus digne de notre vénération, qui nous parle

---

[1] St. Aug., tom. 5, serm. 200. *Quid erat nisi magnifica lingua cœli.*

[2] Plin., liv. 2, chap. 25. *Specie humaná dei effigiem in se ostendens.*

« de l'apparition d'une certaine étoile qui ne présa-
« geait ni maladies, ni mortalité ; mais la descente de
« Dieu sur la terre, pour vivre parmi les hommes et
« pour les combler de ses faveurs. Des sages de la
« Chaldée ayant aperçu cette étoile durant la nuit,
« comme ils étaient instruits dans la connaissance
« des astres , ils se mirent à chercher ce Dieu nou-
« veau-né ; et, lorsqu'ils l'eurent trouvé, ils lui
« offrirent des vœux convenables à une telle majes-
« té. » Or, que ce Chalcidius fût un philosophe
chrétien, ou non , il ne faut pas moins convenir que
ce passage qui lui est attribué ne pouvait être, touchant notre sujet, ni plus démonstratif, ni plus
frappant d'analogie avec le texte sacré ; aussi, en
brisons-nous là avec toutes ces citations et autres
plus ou moins hypothétiques, que l'on trouve chez
la plupart des auteurs controversistes.

Cependant, pour ne pas laisser nos lecteurs dans
le vague des opinions , mais pour répondre à leur
attente qui est sans nul doute de connaître celle que
nous nous sommes formée personnellement, nous
dirons que notre opinion est telle que nous l'avons
empruntée aux savants , MM. l'abbé de Vence et
Bullet. Nous croyons donc, avec le premier, que l'é-
toile dont il s'agit, n'était autre chose qu'un météore
enflammé dans la moyenne région de l'air , lequel
étant aperçu, par les mages avec des circonstances et
des accidents de lumière surnaturels, fut pris par eux
pour un phénomène miraculeux ; et j'ajouterai pour

cette étoile de Jacob, que Balaam fut forcé de prédire [1],
Nous pensons, en outre, avec le même et le cardinal de
la Luzerne, que les mages, étant éclairés intérieure-
ment par le Saint-Esprit, bien plus que par l'éclat de
l'étoile qui frappait si vivement leurs yeux corporels,
n'eurent d'autre idée, sinon que cet astre était un
messager céleste qui les conviait, dans son muet
langage, à aller adorer le nouveau roi des Juifs. —
Le second, en parlant de Bullet, soutient la même
opinion et la prouve en logicien érudit, tout en répon-
dant à un soi-disant philosophe qui s'évertuait, dans
son incrédulité, à ne voir qu'absurdités et invrai-
semblance dans le récit de St. Mathieu : il lui dispute
le terrain, pied à pied, et ne lui laisse aucun lieu où
il puisse se retrancher avec les honneurs du triom-

[1] Le prophète Balaam, dont nous avons cité plus haut la prophétie, se
rendant, sur la permission de Dieu, auprès de Balac, roi de Moab, qui l'avait
envoyé prendre pour maudire Israël, fut arrêté en chemin par un ange, te-
nant une épée nue à la main. L'âne, sur lequel était monté le prophète, vit
d'abord, lui seul, l'ange du Seigneur et se détourna deux fois pour l'éviter.
Ce qui lui attira force coups de bâton de la part de son cavalier. Mais, à la
troisième fois que l'ange voulut mettre opposition à son passage, l'âne se
prosterna respectueusement devant lui, et Balaam qui ignorait la cause d'une
telle prostration le traita alors, littéralement sans merci, en redoublant les
coups immérités. Aussi l'âne, à qui le Seigneur ouvrit la bouche, dit l'É-
criture, *Aperuit Dominus os asinæ*, ne pouvant plus souffrir cela, se mit à
parler pour se plaindre de tant de rudesse: à quoi répondit son maître : Que
n'ai-je une épée pour t'en transpercer? Sur ces mots, le Seigneur ouvrit
les yeux à Balaam, qui n'eut pas plus tôt aperçu l'ange, armé d'une épée
menaçante, qu'il tomba à terre et l'adora, lui promettant bien de ne prononcer sur Israël que les paroles que le Seigneur daignerait lui mettre dans la
bouche. On peut voir plus au long cette histoire, toute palpitante d'intérêt
et de curieuses particularités, dans les chap. 22, 23 et 24 des nomb.
dans la Bible.

phe. Ainsi, notre Pyrrhonien qui , à coup sûr , ne devait pas être un fameux helléniste, vient-il à objecter qu'il serait aussi absurde que ridicule d'admettre, avec St. Mathieu , qu'une étoile se fût montrée aussi près de la terre pour conduire les mages à Bethléem. M. Bullet répond que le mot *aster* dont s'est servi ledit évangéliste , ayant deux acceptions en grec et signifiant, à la fois, *étoile* et *météore* , ce serait être dépourvu de tout sens commun, ou faire preuve de bien peu de sagacité que de traduire le mot *aster* par un astre , ou une étoile de la nature de celles qu'on voit briller sous la voûte éthérée depuis la création ; alors surtout, lui ajoute-t-il, que les plus célèbres auteurs grecs : Homère, dans son IVe livre de l'Iliade, et Aristote, au Ier livre des Météores, ont employé le mot *aster* pour *météore lumineux.* — Avouez, au moins, dit alors notre incrédule, en désespoir de cause, avouez que votre Vulgate nous a singulièrement induits en erreur , en traduisant par *stella,* étoile, le mot *aster* de St. Mathieu ? Faux-fuyant dont M. Bullet n'a nulle peine à faire justice , soit qu'il renvoie son sceptique interlocuteur à l'histoire naturelle de Pline et aux géorgiques de Virgile, où *stella,* étoile, est pris identiquement pour ces météores qui, regardés et crus, au premier coup-d'œil , pour des étoiles, proprement dites, s'éteignent *subitò* par une traînée blafarde de lumière ; soit qu'il lui fasse observer, avec Fontenelle, qu'il n'est pas rare de voir en Chine mille étoiles tomber, à la fois, avec fracas dans la mer, ou se résolvant dans l'air en pluie d'étincelles. Météores, auxquels on donne en Chine, comme chez tous les peuples du monde, le nom d'*étoiles tombantes*, ou *filantes :* tant elle est universelle, la coutume de donner aux choses le nom de celles dont elles ont l'apparence. D'où il est aisé de conclure que l'étoile, vue par les mages de l'Orient, d'après St. Mathieu , ne dut être qu'un météore lumineux, auquel Dieu imprima un mouvement instinctif de locomotion, comme il l'avait fait à l'égard de la colonne de feu, qui servit de guide, pendant la nuit, aux Israëlites, poursuivis par l'armée de Pharaon, roi d'Égypte.

Maintenant, si, malgré l'indispensable concision des détails qui précèdent, nous avons pu éviter cet écueil, signalé dans la didactique d'Horace : « Je « deviens obscur, pour vouloir être court ; » en d'autres termes, si nous en avons assez dit pour fixer l'esprit de nos religieux lecteurs, au milieu des sentiments divers qui ont partagé les SS. Pères et quelques savants commentateurs, au sujet des mages , qu'il nous soit permis de faire ressortir ici, au point de vue ascétique et moral, la foi et les vertus dont ils furent, pour les vrais croyants, un parfait modèle.

Dès l'instant où l'étoile brille au haut des airs pour les avertir de la naissance du Messie, les mages se sentent l'âme tout illuminée des rayons de la foi, et, le cœur embrasé d'un secret et irrésistible désir d'aller l'adorer. Non, point d'intervalle entre l'apparition de cette mystérieuse étoile de Balaam et leur départ pour la petite ville de Bethléem, où les attend

le roi des rois, trônant au fond d'une pauvre étable ;
les obstacles ont beau se multiplier, surgir de tout
côté, aucun ne les arrête. Si la nature revendique
ses droits en faveur du sang et de l'amitié, ils ne
daignent pas l'écouter. S'il leur est imputé, à folie, le
sacrifice qu'ils vont faire de leur repos, du bonheur
et des charmes du foyer domestique , ils n'en ont
cure. En vain, les taxe-t-on de singularité et d'opinion dyscole, en ce qu'ils sont les seuls qui osent
s'aventurer dans un voyage aussi lointain, sans autre guide qu'une étoile nouvelle ; ils ne se laissent
pas pour cela détourner de l'idée qui leur est inspirée d'en-haut. La volonté du ciel absorbe seule
toute leur attention, et fait qu'ils mettent déjà en
pratique cette morale d'abnégation, de renoncement
à tout ce qu'on a de plus cher au monde, oui, cette
morale que Jésus-Christ devra bientôt sanctionner
par son Évangile [1].

Oh! sans doute, l'homme dont les affections inti-
mes ne s'élèvent pas au-dessus de la terre ne com-
prend rien à tant de sacrifices et de générosité de la
part des mages envers Dieu : leur exemple est, en
quelque sorte, pour lui un problème insoluble, tant
il lui répugne de tout délaisser pour Dieu ; tant il lui
en coûte de rompre avec le monde, de se déprendre
de la chimère de ses honneurs , de ses plaisirs si

---

[1] Jésus dit à ses disciples: Quiconque abandonnera sa maison ou ses
frères, ou ses sœurs, ou son père, ou sa mère, ou son épouse, ou ses enfants,
ou ses champs, à cause de mon nom, recevra le centuple, et possédera la vie
éternelle. *St. Mathieu, chap.* 19, *v.* 29.

vantés, et surtout, de vider son cœur de l'amour anxieux de l'or et des richesses dont la possession, ou la soif immodérée, le retient hors des voies qui, seules, mènent à Dieu. Au contraire, avec une foi vive, généreuse, telle que celle des mages, on n'hésite jamais à obéir à Dieu, à tendre là où il nous appelle, quelques difficultés morales ou physiques qu'il y ait à vaincre, quelques sacrifices, souvent coûteux à la nature que commande cette obéissance : de même, avec une foi ferme, courageuse, on ne s'effraie point des dangers de tout genre auxquels le service de Dieu expose dans le monde. Que dis-je? On les brave, on les affronte jusqu'à ne point redouter à mettre en jeu sa vie ou sa liberté; c'est ainsi qu'en agissent les rois mages ; ils ne se doutent point qu'en allant dans la cour d'Hérode s'informer de la naissance du nouveau roi de la Judée et y témoigner le désir de l'adorer, ils ne heurtent de front la politique ombrageuse de ce prince, et ne le portent, par conséquent, à les vexer jusqu'à la tyrannie, jusqu'à violer le droit des nations. Malgré cela, ils se gardent bien de tergiverser, de chercher à donner le change sur le but de leur voyage en l'enveloppant des ambages timides du discours : ce serait là, à leurs yeux, une espèce de forfaiture, une odieuse trahison de la vérité qui vient de leur être manifestée, qu'ils auront sous peu mission de proclamer à la face de leur pays. La foi intrépide dont ils sont animés les rend alors supérieurs à toute crainte, et en ferait, en un moment donné de persécution, autant de héros de fidélité à Dieu. Ce

qui, disons-le en gémissant, est une éclatante condamnation de la conduite de la plupart des chrétiens
de nos jours. Leurs noms, inscrits dans les annales
baptistaires du lieu de leur naissance, attestent bien
leur serment d'obéissance fait à Dieu et à son Église.
Mais, lesquels d'entr'eux ne se sont point parjurés,
et n'ont cessé de donner publiquement des signes
d'une foi non-équivoque? Le nombre en est, certes,
très-petit, comparativement à ceux qui, à force de
lâches concessions soit au monde, soit au respect
humain, ont fini par tomber dans l'indifférence
pratique, dans l'apathie de tout bien, dans l'abandon
de tous les devoirs religieux. Tel aura marché brave-
ment contre l'ennemi de sa patrie et l'aura dépouillé
de ses armes, qui pâlira de crainte, en compagnie
de ses amis, si l'un d'entr'eux vient à s'ériger en
censeur de sa conduite de chrétien. Tel autre se
posera en pourfendeur, en émule des chevaliers sans
peur ni sans reproches, qu'on le verra timide et
tremblant à la manière d'un quaker, si quelqu'un
s'avise de lui ricaner en face pour sa façon de penser
et d'agir en religion. Or, est-ce donc là tenir et
professer la foi dont les mages nous ont jadis donné
l'exemple? Cette foi intrépide qui, n'en déplaise à
ses injustes détracteurs, a produit, dans tous les temps,
des milliers de héros et d'héroïnes, et qui ne cesse
d'en produire, aujourd'hui même, à l'occasion du
drame sanglant dont l'Orient nous offre le théâtre !
Aussi, disons-le pour corollaire de ce qui précède : le
chrétien qui manque de foi, et surtout de cette foi,

généreuse, intrépide, que nous venons d'admirer dans les rois mages, est rarement propre aux grandes choses, rarement porté aux sacrifices de l'héroïsme, et encore moins aux nobles inspirations de la vertu. D'où l'on se ferait, toutefois, illusion, autant que l'on abuserait des termes, si l'on prétendait avoir une foi suffisante au salut, par cela seul qu'on croit au Saint Évangile, comme à tous les dogmes sacrés qui en découlent. Non, en vérité, non, la foi ne peut être méritoire pour le Ciel et servir à notre justification, qu'en tant qu'elle a pour cortége les œuvres saintes dont elle est le principe. Différemment, elle n'est qu'une foi stérile, une foi morte, comme dit l'apôtre Saint Jacques. *Fides sine operibus mortua est*[1].

Mais, alors à quel infortuné sort ne doit-on das s'attendre? L'on s'assimile par une foi vaine, infructueuse, aux vierges folles dont parle l'Évangile[2] ; et de même qu'à elles il nous sera adressé ces mots d'une foudroyante répulsion : *Nescio vos*, retirez-vous, je ne vous connais point. Ou bien, ce qui revient au même sens parabolique, étant, par la stérilité de notre foi, dans une condition analogue à celle de cet arbre qui ne rapportait jamais du fruit au maître du champ où il était planté, nous aurons à subir, comme lui, la même sentence de réprobation, c'est-à-dire que nous serons comdamnés, comme lui, à être coupés et jetés au feu[3]. Ici, que celui-là en-

[1] St. Jacq. 2, 20.
[2] St. Math. 25, 12.
[3] St. Math. 3, 10,

tende qui a des oreilles pour entendre. *Qui habet aures audiendi , audiat.* St. Luc, 8, 8, et St. Mathieu, 11, 15.

LES ROIS MAGES.

ACTE PREMIER.

Le Troubadour, — le ministre Porphire, — le roi Hérode, — le capitaine Méropax et la sentinelle.

SOMMAIRE. Un troubadour (bien que l'apparition d'un tel personnage sur la scène soit un anachronisme), fait l'ouverture de la pièce en chantant: *Dé matin*....

Ce chant donne l'éveil, dans la ville de Jérusalem, sur l'arrivée des rois mages. Le ministre de la police générale du royaume s'empresse d'en donner avis au roi Hérode, et lui conseille d'ordonner à ces personnages, venant de l'Orient, d'avoir à rebrousser chemin. Le roi Hérode, se confiant en l'énergique activité de son ministre, comme en la fidélité et le courage éprouvé de la garde de son palais, se montre très-rassuré contre les éventualités d'une agression —Méropax, le capitaine de la garde, fier des éloges du roi, l'assure qu'il ne tirera l'épée que pour décorer ses drapeaux d'un nouveau lustre. Il harangue ensuite ses soldats, rappelle leurs glorieux faits-d'armes, et leur observe que le roi et Jérusalem se croient en sûreté à l'ombre de leur vaillance. Il les convie, en même temps, à chanter avec lui la gloire du roi Hérode. Mais, pendant que ce chant triomphal tire à sa fin, le capitaine impose silence. Il prétend avoir entendu la marche d'une troupe guerrière; il fait mettre ses soldats en parade, et ordonne à la sentinelle de pousser plus avant la reconnaissance. La sentinelle de retour, et rapportant qu'elle n'a aperçu que quelques gens sans armes et n'annonçant que des intentions pacifiques, le capitaine ne lui fait pas moins un devoir de les arrêter et de les amener au corps-de-garde.

Le Troubadour.

Quelques couplets d'un ancien Noel.	Traduction imitée par l'auteur de la pièce.
Air de la marche de Turenne.	*sur le même air.*

Dé matin,
Ay rescountra lou trin
Dé trés grand rey qu'anavoun
    én vouyagé;

Ce matin,
J'ai rencontré le train
De trois grands rois s'en allant en
    voyage;

Dé matin,
Ay rescountra lou trin
Dé trés grand rey dessus lou
    grand camin.

Ce matin,
J'ai rencontré le train
De trois grands rois dessus le grand-
    chemin.

Ay vis d'abor
Dé gardo-corp,
Dé gén arma émé uno troupo
    dé pagé;

J'ai vu d'abord
Gardes du corps,
Des gens armés et suivis de plus d'un
    page;

Ay vis d'abor
Dé gardo-corp,
Toutei dooura dessus sei justo-
    corp.

J'ai vu d'abord
Gardes du corps,
Tout dorés par-dessus leurs justau-
    corps.

———

Lei caméou
Qu'éroun ségur fouart béou
Éroun carga dé tous seis équi-
    pagé;

Les chameaux
Qui, sûr, étaient fort beaux,
Étaient chargés de tout leur équi-
    page;

Lei caméou
Qu'éroun ségur fouart béou
Pourtavoun lei bijou toutei nou-
    véou.

Les chameaux
Qui, sûr, étaient fort beaux,
Portaient sur eux des bijoux tout
    nouveaux.

É lei tambour,	Chaque tambour,
Pér fayré hounour,	Près de sa cour,
De téms én tems fasién un bruyant tapagé:	De temps en temps faisait un bruyant tapage :
É lei tambour,	Chaque tambour,
Pér fayré hounour,	Près de sa cour,
Battien la marcho chascun à soun tour.	Battait joyeux une marche à son tour.

———

Dins un char,	Dans un char,
Dooura dé touto part,	Doré de toute part,
Vésias lei rey moudesté counimo d'angé;	Étaient les rois pieux comme des anges :
Dins un char,	Dans un char,
Dooura dé touto part,	Doré de toute part,
Vésias brilla dé richés estandard.	L'on voyait briller plus d'un étendard.

Oouzias d'hooubois,	Puis des haubois,
Dé bellei voix,	De belles voix,
Qué dé moun Diou publiavoun lei louangé;	Qui de mon Dieu publiaient tous les louanges ;
Oouzias d'hooubois,	Puis, des haubois,
Dé bellei voix,	De belles voix,
Qué disién d'airs d'un admirablé choix.	Disaient des airs d'un admirable choix.

PORPHIRE.

L'intérêt de l'État, et de votre couronne,
Me fait un devoir, Sire, et bien plus, m'ordonne

De vous donner avis de la vague rumeur
Qui court par la cité, la frappe de stupeur.
Il arrive, dit-on, de Perse et d'Arabie,
Trois seigneurs, tout brillant des richesses d'Asie.
Leur voyage en Judée a-t-il un but loyal?
Qu'ils viennent vous narguer par un train tout royal
Ou conclure avec vous un traité d'alliance,
C'est, toujours, méconnaître un droit de convenance,
En foulant, à l'insu de votre majesté,
Le sol de la patrie en tout temps respecté.
Si Rome le savait (elle dont la victoire
Sut la venger partout de l'oubli de sa gloire),
Verrait-elle, sans croire à d'hostiles desseins,
De l'empire franchir, n'importe.quels confins?
Ainsi donc, à vous, Sire, il incombe la charge
D'ordonner à ces gens de reprendre le large,
De rebrousser chemin, chacun pour son État,
S'ils n'aiment mieux courir les chances d'un combat.

HÉRODE.

De brillants faits, Porphire, avant cette occurrence,
Prouvent qu'en vous, je fis un choix de confiance,
Alors que je plaçai dans vos habiles mains
Les rênes de l'État, que dis-je? ses destins.
Qu'au dedans, qu'au dehors, on ourdisse la trame
D'attenter à mes droits, je le jure en mon âme,
De mon trône soyez l'un des surs boulevards,
Et je me ris du scythe, armé de tous ses dards,
Et le Parthe et le Mède auraient beau, dans leur tête,
Rêver, et puis tenter de nos champs la conquête,
Les Juifs, à notre voix, contr'eux tous s'ébranlant,
Les forceraient à fuir, épouvantés, hurlant.

S'adressant au capitaine de la garde :

Vous qui de mon palais présidez à la garde,
Méropax, est-ce un fait, ou non, que je hasarde ?
Quand conduisîtes-vous au combat nos guerriers,
Qui n'en soient revenus, couronnés de lauriers ?
Votre nom est inscrit aux fastes de l'armée
A côté d'autres noms, dignes de renommée ;
Et de tous vos exploits cette célébrité
Fait un des fondements de ma sécurité.
Conséquemment, Porphire, appuyé du courage
Des fidèles soldats qui font mon entourage,
J'attends imperturbable amis, comme ennemis,
Par Hercule ! à nos lois, ils seront tous soumis.
Merci de votre zèle, en fait de politique,
Nul ne veillerait mieux à la chose publique.
Quant à vous, Méropax, capitaine vaillant,
Nuit et jour, soyez prêt à tout événement.

MÉROPAX.

En défendant nos lois, la patrie et le trône,
J'ai dû, Sire, souvent payer de ma personne.
Souvent, sous ma conduite, on a vu le soldat,
Chantant, couvert de gloire, au retour du combat.
Mais, tout cela vaut-il votre royal éloge ?
Si, sur mes souvenirs tout seul je m'interroge,
Rien autre je n'y vois, ô mon prince, ô seigneur,
Qu'un devoir accompli, un tribut à l'honneur.
Pourtant, si le passé vous répond, vous assure
De mon zèle avenir, j'en accepte l'augure.
Oui, quand je tirerai mon sabre du fourreau,
Sachez qu'un nouveau lustre attend votre drapeau.

7.

(Se tournant vers ses soldats) :

N'est-ce pas, mes soldats, qu'il n'est pour vous de charmes
Que d'être conviés à d'éclatants faits d'armes;
Que jamais du tambour vous n'entendez les sons
Sans être électrisés de martials frissons !
Aussi, Jérusalem et son roi magnanime,
Forts de ce dévoûment qui toujours vous anime,
Nonobstant certain bruit, se croient en sûreté,
Avec quel peuple on puisse être en hostilité.
Bref, valeureux soldats, brave troupe d'élite,
Ne doutant que chacun de son devoir s'acquitte,
Je vais donc avec vous, sous forme de serment,
Chanter de notre roi la gloire, en ce moment.

Chant.

Air: *O Richard, ô mon roi !*

O Hérode, ô mon roi !
Sur la terre et sur l'onde,
Quel monarque, autre que toi,
Mérite l'empire du monde.
Rien ne manque aux souhaits
Des peuples, tes sujets :
C'est partout une paix profonde.
Aussi, serons-nous tes remparts,
S'il faut te suivre au champ de Mars.

EN CHOEUR.

O Hérode, ô mon roi !..., sur la terre..., l'empire du monde, etc.

Rois, et vous tous, potentats,
Qui portez envie à sa gloire,

Tremblez d'ouvrir à ses soldats
Le beau chemin de la victoire :
Car notre cœur
Est tout ardeur,
Tout amour pour le trône,
Et malheur à qui l'abandonne !

O Hérode ! etc.

MÉROPAX (*reprenant*) :

Mais, chut ! attention !... Quel roulement entends-je ?
Aux armes ! mes soldats ; en ligne qu'on se range ?
Peut-être il va s'offrir pour nous l'occasion
De punir l'ennemi de son agression.
Sentinelle, en avant ! C'est le cas d'être alerte,
De veiller tout autour, d'aller en découverte.
Être surpris, vaincus, ce serait un malheur
Qui nous infligerait un double déshonneur.
Allez donc : montrez-vous sans peur et sans reproche,
Alors que l'ennemi serait encor plus proche.

(*A part*) :

Mais je compte sur lui ; mais de même que moi,
Il a juré de vaincre ou mourir pour son roi.
Oui, je dis comme moi ; car je porte une épée
Qui pour n'être d'Antoine, ou d'un autre Pompée,
N'en est pas moins d'un brave et non d'un matamor.
Gare à nos ennemis ! Que j'en vais mettre à mort !

LA SENTINELLE.

Vos ordres sont remplis : il n'est rien, capitaine,
Qui doive nous tenir en sursaut, en haleine.

Une file de gens sans armes, sans drapeaux.
Parés fort richement, montés sur des chameaux.
Voilà le prétendu, l'ombrageux corps d'armée.
Dont, à tort, la cité s'est émue, alarmée.

MÉROPAX.

N'importe, à la consigne ayez soin d'obéir,
D'arrêter ces gens-là : car je crois les ouir.

ACTE DEUXIÈME.

La sentinelle,-le capitaine,-les rois mages, Balthasar, Melchior et Gaspard.— Hérode et son intendant,—les prêtres, et les docteurs de la loi.

SOMMAIRE. La sentinelle, voyant les trois mages s'avancer du palais (on pourrait faire ouvrir la marche, en cas de représentation, par des fifres ou flageolets avec un petit tambour, si faire se pouvait), se porte au devant d'eux et les interpelle par le cri de la consigne ; puis, elle les conduit au corps-de-garde où le capitaine veut leur faire rendre compte du but de leur voyage. Sur ce , le roi Balthasar répond que ce n'est qu'au roi Hérode qu'ils entendent s'en ouvrir. Étant donc en présence de ce prince, Balthasar reprend la parole pour déclarer que le ciel leur ayant suggéré ce voyage, ils sont assurés d'en atteindre heureusement le but. Le roi Hérode sans blâmer, ni approuver l'opposition qu'ils ont eu à vaincre au sein même de leur pays, prétend que les gens de son palais, en les mettant en état de suspicion, n'ont rempli qu'un devoir militaire, bien qu'ils aient pu les froisser; bref, il les invite à lui décliner le but réel de leur voyage.

Alors, le roi Gaspard déclare à Hérode qu'ils ne sont venus que pour reconnaître et adorer le roi des Juifs, nouvellement né ; qu'une étoile les a avertis de sa naissance, et qu'ils le prient de leur en indiquer le berceau.

Sur le doute, exprimé par Hérode qu'une étoile ait brillé dans les cieux, tout exprès pour leur notifier un tel événement, le roi Melchior analyse les faits historiques qui les ont amenés à regarder cette étoile, comme l'étoile prédite par Balaam. Laquelle devait, selon eux, annoncer le roi qu'ils viennent adorer, à savoir : le Messie.

Ici, malgré la quasi-certitude qu'il a de l'événement, tant à cause de leur dire tout conforme et naïf, qu'à cause du zèle héroïque dont ils viennent de faire preuve, le roi Hérode, dit-il, ne sera pleinement convaincu, qu'après qu'il lui aura été affirmé par les docteurs de la loi et les princes des prêtres; lesquels il considère comme les sûrs interprètes des oracles sacrés ; il les envoie donc quérir à cet effet. Mais, dans ce court espace de temps, il se dit, dans un *à parte*, que s'il vient à surgir un concurrent, il saura bien le supplanter, c'est-à-dire s'en défaire.

Cependant, les docteurs et les prêtres étant arrivés en la présence d'Hérode et invités par ce roi à prononcer, les oracles en main, où et quand devait naître le Christ, déclarent qu'il est né, ou qu'il doit bientôt naître à Bethléem, ville de Juda. Ils citent même, en peu de mots, l'oracle qui lui est relatif.

Sur cette déclaration formelle des docteurs de la loi et des prêtres, le roi Hérode laisse partir les mages pour Bethléem, et leur recommande de lui faire savoir ce qu'il en est de cet enfant, ayant lui-même l'intention de lui aller porter ses hommages, ou, selon sa propre expression, l'adorer.

LA SENTINELLE.

Qui vive et d'où vient-on ?

LE ROI BALTHASAR.

Est-ce que ça vous regarde ?

LA SENTINELLE.

Eh bien ! de par le roi, venez au corps-de-garde
Pour y parlementer, répondre aux questions,
Que d'adresser il est dans l'us des nations.

LE CAPITAINE, *(aux mages) :*

Quel dessein, messeigneurs, parmi nous vous amène ?
Vous questionner ainsi grandement il me peine.
Vous êtes, à vous voir, de noble extraction,
Voire même des chefs de quelque nation.
Que ce soit par hasard, ou concerté d'avance,
Qu'ici vous vous trouvez des lieux sans connaissance,
Toujours il appartient à mon gouvernement
D'être informé de tout, du moindre événement.
Pour ce grave motif il faut qu'au roi, mon maître,
De tout je rende compte, et lui fasse connaître
Qui vous êtes, pourquoi ce royal appareil
Qui met avec raison la police en éveil.

LE ROI BALTHASAR.

C'est à tort qu'on verrait dans notre long voyage
Un sujet de nature à vous porter ombrage.
Sur son but le roi seul doit nous interpeller ;
A lui seul nous voulons ne rien dissimuler.
Veuillez donc le prier d'un instant d'audience.

LE CAPITAINE.

Mais, c'est à point nommé: sur son trône, je pense,
Les grands de son royaume il reçoit aujourd'hui.
Encore quelques pas, vous voilà devant lui.

(Les trois mages, en présence d'Hérode).

BALTHASAR.

Jamais, Sire, on échoue en aucune entreprise,
Quand le ciel la suggère et qu'il la favorise,

La preuve en est en nous, et pour en convenir ,
Écoutez le discours que je vais vous tenir.
« Sur un ordre, du ciel, transmis par une étoile,
« Qu'à cette heure nous cache un mystérieux voile,
« Nous avons entrepris un voyage lointain,
« N'ayant cure et soucis de son but incertain.
« On a beau nous railler, nous taxer de folie.
« Ne voir qu'inconséquence et même anomalie
« A croire que l'éclat de cet astre nouveau ,
« D'un enfant, roi naissant, nous appelle au berceau.
« Nos familles aussi mettent tout en usage
« Pour nous déconcerter, nous ôter tout courage.
« Elles vont jusqu'à dire, au nom de l'amitié,
« Qu'en cela nous manquons pour elles de pitié. »
Enfin, sur notre route on sème mille entraves.
Et, jusqu'ici, l'on vient de se poser en braves....
Mais, aux ordres du ciel qui sait se dévouer
La trame des complots sait aussi déjouer.

HÉRODE.

Actes de vos aveux et de votre parole,
Votre conduite a donc éprouvé le contrôle
De tous vos nationaux, tant amis que parents.
Et, je présume aussi, des hommes éminents.
Or, l'opposition de vos gens est un blâme
Qui, certes, ne pouvait que contrister votre âme.
Tout comme, assurément, on a dû vous froisser
Par la rigueur qu'on vient envers vous d'exercer.
Rigueur qui tient, pourtant, du devoir militaire,
Et dont ne pouvait mieux user mon fonctionnaire
Dans l'intérêt du peuple et de la royauté ,
Aussi, de l'un, de l'autre a-t-il bien mérité.
Mais, oublions ici toute déconvenue,
Et veuillez m'exposer, d'une voix ingénue,

Comment, à quelle fin, *subitò*, vous a pris
La curiosité de voir nos beaux pays.

LE ROI GASPARD.

Je vais à vos désirs, ô Prince, satisfaire.
Heureux si mon récit réussit à vous plaire;
Car, jamais, non jamais, en nous la volonté
Fut de porter atteinte à votre royauté.
En nous aventurant loin de notre patrie,
Nous ne voulions remplir qu'un devoir de latrie.
Reconnaître des juifs le roi, né Tout-puissant,
Et devant qui tout être est comme le néant.
Où donc est son berceau, voudriez-vous nous l'apprendre ?
L'hommage de nos cœurs nous brûlons de lui rendre ;
Car, son étoile à peine a brillé dans les cieux,
Que nous sommes venus l'adorer en ces lieux.

HÉRODE.

La volonté du ciel, une étoile brillante ,
C'est tout là votre texte auquel la variante
N'ôte rien du naïf, du grave en vos discours.
Tant le vrai ne connait ni lazzi, ni détours.
Cependant ma raison se refuse à comprendre
Que le ciel, par un astre, ait voulu faire entendre
Qu'en Judée il venait de naître un nouveau roi,
Dont déjà l'Orient reconnaissait la loi.
Pour vous, et ne prenez ceci pour un insulte,
Sans être initiés à la science occulte
Des astres, comment donc avez-vous pu savoir
Qu'une étoile à vous trois imposait un devoir.

MELCHIOR.

Notre aspect seul vous a, Sire, donné l'idée
Que de nous n'avait rien à craindre la Judée.

Et nul d'entre les Juifs plus que vous n'est certain
Qu'un voyage pieux est tout notre dessein.
Maintenant, à bon droit, vous tenez à connaître
Comment, par une étoile, il a pu nous paraître
Qu'un enfant, naissant roi, trônant sur son berceau,
Nous appelait à lui par un astre nouveau.
Eh bien! Prince érudit, s'il est vrai que l'histoire
Ne renferme aucun fait qui ne vous soit notoire,
Vous n'ignorez le sort qu'eut jadis Israël
Pour s'être fait un jeu des lois de l'Éternel.
Nabuchodonosor, tyran de l'Assyrie,
Le vainquit, l'arracha du sein de sa patrie,
Et, pour éteindre en lui tout instinct national,
Le confondit avec son peuple oriental.
Or, cette fusion ouvrit pour nos ancêtres
Une ère remarquable, en ce qui touche aux lettres.
Ils apprirent des Juifs maints chefs-d'œuvre d'esprit,
Surtout ce que Moïse et David ont écrit.
Pour eux, la vérité parut dans ces ouvrages
Comme un éclair qui brille à travers les nuages.
Aussi, jusqu'à ce jour d'un Messie à venir
S'est-il perpétué chez nous le souvenir.
Aussi, nous ne doutons que l'étoile apparue
Au fond de l'Orient n'indique sa venue,
Étant celle, à coup sûr, que prédit Balaam
Pour obéir au Dieu de Jacob, d'Abraham.

HÉRODE.

La franchise, l'accord parfait dans votre dire,
N'est pas, nobles seigneurs, tout ce qu'en vous j'admire.
Avoir tout délaissé dans la pire saison,
C'est un zèle, à mes yeux, hors de comparaison.
Cela seul mettrait fin à mon incertitude,
Si je n'avais pour loi de soumettre à l'étude

Toute histoire en dehors du cercle rationnel,
Comme tout fait contraire à l'ordre naturel.
Je vais, à cet effet, mander mes interprètes,
Pour avoir d'eux la clé de la loi, des prophètes,
Et savoir si l'avis de ces hommes lettrés
Concorde avec le sens des oracles sacrés.
Veuillez, mon intendant, dire aux princes des prêtres,
Comme aux docteurs du peuple, ainsi qu'eux nos grands maîtres,
Qu'ils ont à m'éclaircir le fait mystérieux
Que vient de révéler un astre radieux.

HÉRODE,

(à parte et lisant dans un livre).

C'est en vain que des Juifs je feuillette l'histoire,
Je n'y découvre rien qui détermine à croire
Qu'un roi vienne de naître au sein de la cité
Pour régir Israël par droit d'hérédité.
Mais que le fait soit tel, comme il peut bien se faire,
A mon ambition ne puissé-je pas complaire ?
Et, s'il faut en finir avec un concurrent,
In petto je réserve un sûr expédient.

(Les prêtres et les docteurs arrivant).

C'est bien : prêtres, docteurs, j'étais à vous attendre.

(L'un des docteurs) :

Aussi, Sire, avons-nous eu hâte de nous rendre
Aux pieds de votre trône, ayant un vif désir
De condescendre en tout à votre bon plaisir.

HÉRODE.

Merci, prêtres, docteurs, de votre diligence,
Un cas grave requiert ici votre présence.
D'illustres voyageurs, mus par divers motifs,
Cherchent à voir un roi qui vient de naître aux Juifs.
Or, ce roi, quel est-il? Serait-ce le Messie?
Chargés d'interpréter la loi, la prophétie,
C'est à vous qu'appartient de nous dire l'endroit
Où doit naître le Christ, auquel tout bon Juif croit.

L'UN DES PRÊTRES.

Des oracles divins pour saisir l'harmonie,
Comme la métaphore et le profond génie,
Il faut, de temps en temps, les avoir sous les yeux,
Les méditer souvent, les comparer entr'eux.
Ainsi, remplissons-nous notre mission sainte?
Ainsi, Sire, allons-nous sans détour, ni sans feinte,
Vous faire remarquer dans quel lieu fortuné
Naîtra bientôt le Christ, s'il n'est encore né?
Ce lieu vous est connu, son unique importance
Gît en ce que le Messie y doit prendre naissance.
Son nom est Bethléem, ville non loin d'ici,
Que l'écriture montre et glorifie ainsi :
« Tu n'as pas, Bethléem, moins d'éclat, moins de lustre,
« Qu'une autre capitale en Juda, terre illustre.
« De toi devant sortir, décréta l'Eternel,
« Le chef qui doit régir mon peuple d'Israël. »
Oui, Sire, à cet oracle on doit toute créance.
Et, le fait dont il est un garant, l'assurance.
A bien pu s'accomplir, avant qu'à l'escient
Il fût de ces seigneurs, venus de l'Orient.

HÉRODE.

Assez; il me suffit pour fixer ma conduite
De votre opinion, des oracles déduite.
A huis-clos maintenant de détails ultérieurs
J'ai seul à conférer avec ces trois seigneurs.

Les docteurs, les prêtres et tous les gens du palais se retirent de la scène.

HÉRODE

s'adressant aux rois mages):

Le doute a fait en moi place à la certitude,
Puisque de toute part la vérité transsude.
N'importe; pourriez-vous préciser le moment
Où l'étoile, à vos yeux, parut au firmament?

L'UN DES MAGES.

L'étoile qui nous a, d'un éclat insolite,
Inspiré le devoir d'une prompte visite
Au roi qui vient de naître, apparut l'autre nuit;
Et c'est elle qu'ici nous guide, nous conduit.
Vous dire exactement le temps où sa lumière
A frappé nos regards,...

HÉRODE.

        C'est compris : mais l'affaire
Dont il faut s'occuper avec célérité,
C'est d'arriver au lieu par l'oracle cité.

A savoir, Bethléem. Là, déclinez vos titres,
De votre liberté vous êtes les arbitres.
Prenez langue, ici, là ; ne perdez un instant,
Que vous n'ayiez trouvé ledit royal enfant.
Quand vous l'aurez trouvé, donnez-m'en connaissance,
Comme vous, de le voir je brûle d'impatience ;
Comme vous, à ses pieds je désire, à mon tour,
Déposer un tribut de respect et d'amour.
Partez donc, que les cieux en tout vous soient propices.
Un voyage, entrepris sous de divins auspices,
Ne peut de votre aveu manquer d'un plein succès,
Je partage du moins en cela vos souhaits [1].

---

[1] À ces mots les mages s'inclinent et se retirent.

ACTE TROISIÈME.

Le Courtisan à âme droite, — les trois rois, — la Vierge Marie.

SOMMAIRE. Les rois mages, au sortir du palais d'Hérode, rencontrent sur leurs pas son intendant ; lequel, ne pouvant résister à ses sentiments innés de droiture, les arrête pour les avertir confidentiellement du projet criminel qu'a son maître. Il leur fait sentir de quelles atrocités il est capable, après avoir sacrifié à son ambition effrénée sa propre femme, ses enfants et tous ceux que l'amitié aurait dû mettre à couvert de tout soupçon d'attentat à sa couronne. L'un des mages lui répond qu'il n'y a aucun obstacle invincible à opposer aux volontés du ciel ; qu'ils sont sûrs d'arriver à l'enfant divin qui les appelle ; et que, quant à leur retour, ils s'en reposent sur les inspirations de celui qui coordonne tous les événements pour sa plus grande gloire.

Les mages continuent donc leur marche pour Bethléem. Lorsqu'ils sont arrivés devant l'étable, l'étoile s'arrête ; et, l'un d'eux prenant la parole, exhorte ses nobles compagnons à faire preuve d'une foi plus ferme que jamais. Il leur dit que ce lieu est indubitablement le palais du roi qu'ils viennent adorer, bien qu'au dehors rien n'indique la majesté royale. Un autre mage, animé de la même foi, les encourage aussi à entrer.—Étant donc tous en la présence de l'enfant divin, le roi Gaspard raconte comment ils connaissaient, par la tradition et par l'histoire, qu'il devait naître un roi libérateur en Israël, et qu'à sa naissance, d'après le prophète Balaam, il apparaîtrait au ciel une nouvelle étoile. Or, ajoute-t-il, cette étoile est apparue ; et, dès son apparition, nous sommes venus vous chercher à travers des peuples inconnus pour vous adorer et vous payer notre tribut de dépendance. L'or que ce coffre enserre est le tribut que je vous présente en témoignage de votre souveraineté sur l'univers entier.—Le roi Balthasar lui fait hommage d'un présent de myrrhe en lui disant que, quoique le ciel l'avoue pour son maître, il n'en est pas moins mortel, passible du trépas, comme l'ont été les patriarches, les prophètes et les rois de Sion ; qu'en conséquence, il lui offre cette myrrhe pour honorer son humanité et servir un jour à l'embaumement de son corps. —Le roi Melchior lui offre, à son tour, de l'encens en accompagnant, lui aussi, son présent d'une petite harangue : il lui dit que la foi, malgré l'abjection du lieu de sa naissance, lui fait découvrir en lui non-seulement le roi puissant qui devait affranchir les Juifs du joug étranger, mais encore le Dieu fait homme dont les cieux sont l'ouvrage, et que c'est pour rendre hommage à sa divinité qu'il dépose cet encens à ses pieds, avec prière de les bénir tous, en retour.—Enfin, la Vierge Marie répond aux mages en faisant l'éloge de leur foi héroïque, de même que de leurs dons emblématiques. Elle leur apprend que quelques vertueux bergers venaient, naguère, sur l'invitation d'un ange, de tomber aux genoux de son fils pour l'adorer et lui protester de leur fervent amour. Ce qui ne diminue en rien le mérite de leur foi comme de leurs sacrifices, puisque c'est d'une voix moins claire et moins intelligible que le ciel les a appelés au berceau de son fils. Aussi, elle leur ajoute que le souvenir de leur saint pèlerinage ne périra jamais dans la mémoire des hommes, et qu'après une vie très-heureuse, ils iront dormir en paix dans le sein de Dieu même. Mais, qu'en attendant, pour déjouer les desseins barbares et déicides du roi Hérode, ils ont à retourner dans leurs pays par un autre chemin que par celui de Jérusalem.

L'INTENDANT DU ROI HÉRODE.

Pardon, mille pardon, ô très-hauts personnages,
Si j'arrête vos pas ; si, contre mes usages,

J'ose vous dévoiler dans vos vrais intérêts,
De mon maître, le roi, les iniques secrets.
Ne vous laissez point prendre à son dire perfide,
Son cœur est fourbe autant que votre âme est candide. .
Heureux que par égard pour votre auguste rang,
Il ne se soit souillé les mains de votre sang !
Car, connût-on tyran, lequel selon l'histoire
Des mêmes cruautés ait flétri sa mémoire ?
L'on a maintes fois vu l'avide du pouvoir
S'y hisser par le crime au mépris du devoir.
Comme aussi pour régner, certaines dynasties
Ont eu souvent recours à bien d'ignominies.
L'ambition aveugle et met devant les yeux
Un bandeau qui dérobe un juge dans les cieux.
Ainsi, Hérode a-t-il la crainte mal fondée
Qu'on est las de son règne, odieux en Judée :
Qu'on voudrait arracher le sceptre de ses mains
Pour en finir avec ses actes inhumains.
Cette crainte l'étreint, nuit et jour le déchire,
Le porte à cet excès d'ambitieux délire,
Qu'au glaive des bourreaux il voue... ah! c'est affreux !
Sa femme, ses enfants, voire amis ombrageux.
Or, ces faits, palpitants d'un cynisme sauvage,
Qui n'existent, ailleurs, que chez l'anthropophage,
Atteste quel danger vous attend à la cour,
Si vous avez dessein d'y rentrer au retour.

L'UN DES MAGES.

La volonté d'en haut s'est toujours accomplie,
Vouloir y mettre obstacle est, sûr, une folie :
Pour lors espérons-nous sous ce guide [1] arriver
A celui qui nous vient, du Tartare [2], sauver.

[1] En montrant l'étoile.
[2] Mot pris pour enfer.

Les rois continuent à marcher, sous la conduite de l'étoile, jusqu'à l'étable. Arrivés là, l'un d'entr'eux dit :

L'astre qui s'est montré fidèle à nous conduire
En s'arrêtant ici, veut sans doute nous dire :
« Voilà l'humble palais de ce roi, nouveau-né,
« Par qui Hérode craint d'être un jour détrôné. »
Qu'au lieu de vaciller, notre foi soit donc ferme,
Si de la majesté que ce lieu vil renferme,
Rien ne s'offre à nos sens, pas le moindre attribut,
Si même on l'a traitée en objet de rebut.

UN AUTRE MAGE.

Si telle est notre foi, si chacun la partage,
Entrons dans cette enceinte, offrons-y notre hommage
A l'enfant que je crois être ce haut seigneur,
Dont la voûte des cieux proclame la grandeur.

(Les rois mages étant entrés).

GASPARD.

Par la tradition, comme aussi par l'histoire,
Nous n'ignorions l'époque, ô puissant roi de gloire,
Où les Juifs, soupirant après leur liberté,
Verraient pour eux renaître enfin leur royauté.
En outre, nous savions de science certaine
Qu'une étoile, ou plutôt un brillant phénomène,
Devait du firmament convier tout mortel
A reconnaître en vous le sauveur d'Israël.
Aussi, dès le moment où nous avons vu luire
L'astre que Balaam fut forcé de prédire,

Nous l'avons pris pour guide et nous sommes venus
Vous chercher à travers des peuples inconnus.
Vous chercher n'est pas tout, étant vos tributaires,
Nous venons vous offrir, avec des cœurs sincères.
Quelques dons exprimant la triple qualité
Qu'en vous nous révérons en toute piété.
Daignez donc agréer l'or que ce coffre enserre ;
Ce tribut vous revient comme roi de la terre.
Que dis-je, il vous est dû bien mieux qu'aux souverains
Dont vous tenez déjà le sceptre dans vos mains.

BALTHASAR.

Pour moi, royal enfant, je viens par mon offrande
Exprimer de mon cœur le désir qu'on vous rende
Les pieux soins qu'on rend au corps inanimé,
A savoir, que le vôtre un jour soit embaumé.
Le ciel, et c'est pour nous un fait irrécusable,
Vous confesse son maître, et veut qu'en cette étable
L'on vous vienne adorer, reconnaître vos droits
Et vous révérer, comme on révère les rois.
Mais, quelque grand qu'on soit, quelque rand dans l'histoire
Que puissent nous valoir nos titres, notre gloire,
Il faut un jour fermer à ce monde les yeux,
Et tôt ou tard aller rejoindre nos aïeux.
Dès lors, royal enfant, comprenez que vous êtes
Passible du trépas, ainsi que les prophètes,
Les patriarches même et ces rois de Sion
Qui des Juifs firent tant fleurir la nation.
Néanmoins que le Ciel vous octroie un long règne,
Et que, sur ce désir, votre majesté daigne
Jeter sur cette myrrhe un regard de bonté,
Parfum devant servir à votre humanité.

8.

MELCHIOR.

Je prends, céleste enfant, je prends part aux hommages
Que vous ont exprimés ces nobles personnages.
Et, puisqu'il vous a plû d'agréer leurs présens,
Souffrez que je vous offre, à mon tour, cet encens.
La foi qui nous éclaire autant que cette étoile,
Malgré la pauvreté de ce lieu, nous dévoile,
Nous montre en vous ce roi, ce monarque puissant,
Que le Juif attendait sous le joug gémissant.
Oui, votre royauté n'est pour nous un mystère.
Nous croyons à ses droits sans borne sur la terre.
Si bien que l'on verra jusqu'au dernier des rois
Vénérer votre nom, se ranger sous vos lois.

En outre, saint enfant, étant le Dieu fait-homme,
Les cieux ne sont-ils pas aussi votre royaume?
Que dis-je? ils sont l'ouvrage, un jeu de votre main,
Que ne saurait scruter tout le génie humain.
Nous nous inclinons donc devant votre puissance,
De laquelle tout tient, la vie, l'existence ;
Car, vous seul pouvez dire, en toute vérité,
Tout aux cieux, sur la terre, est ma propriété [1].
Bien donc que vous veniez, ici, de naître à peine,
Vous n'exercez pas moins le souverain domaine
Sur la nature entière, et partant sur nous tous,
Qui, d'exaucer nos vœux, vous prions à genoux.

LA VIERGE MARIE.

L'enfant, dignes seigneurs, qui dans cette masure
Vient de naître de moi, son humble créature,

[1] Mea sunt enim omnia. Exod. xiii, 2.

Est bien le souverain de la terre, des cieux,
Tel que de loin la foi le montrait à vos yeux.
De ses trois qualités vos présents sont l'emblème
Et prouvent qu'à l'envi chacun d'entre vous l'aime.
Vous avez par de l'or voulu lui témoigner
Que sur tout l'univers il doit un jour régner.
Par la myrrhe, qu'ayant de l'homme la nature,
Son corps devra de même avoir la sépulture.
Comme il est, par l'encens, justement figuré
Qu'au ciel et sur la terre il veut être adoré.
　　Déjà quelques bergers, hommes à mœurs candides,
Sont à la voix d'un ange, accourus gais, avides
De connaître ce verbe incarné, fait enfant,
Ce Messie attendu tel qu'un grand conquérant.
En entrant dans ce lieu que l'opulence abhorre,
Loin de leur défaillir leur foi se corrobore.
Ils tombent à genoux, adorent tour à tour,
Ce Dieu qui seul connaît le prix de leur amour.
Pour vous à qui le ciel d'une voix moins distincte,
A révélé qu'un roi d'une majesté sainte,
Venait de naître ici, vous n'avez pu montrer
Plus de zèle et d'ardeur à venir l'adorer.
Vous êtes, en la foi, des Gentils les prémices.
Leur gloire, leur modèle en tous vos sacrifices.
Oui, tant qu'au firmament la lune éclairera,
Votre mémoire, non, jamais ne périra.
Toujours sera redit le saint pèlerinage,
Où jusqu'à l'héroïsme alla votre courage.
Puis, après vous avoir comblés de ses bienfaits
Dans son sein Dieu fera que vous dormiez en paix.
Usez, en attendant, d'une ruse hardie,
Du roi Hérode il faut tromper la perfidie,
D'égorger cet enfant il a le noir dessein.
Retournez donc chez vous par un autre chemin.

FIN.

www.ingramcontent.com/pod-product-compliance
Lightning Source LLC
LaVergne TN
LVHW021753170726
843503LV00004B/1853